In Essig oder Öl

eingelegt und raffiniert gewürzt, schmecken feine Zutaten einfach noch besser. Diese gesunde und bekömmliche Art, Fleisch, Fisch oder Gemüse länger haltbar zu machen, hat eine lange Tradition in allen Küchen der Welt. Auch bei uns findet diese bewährte Methode immer mehr Freunde, denn mit einem Vorrat an Spezialitäten haben Sie immer etwas Besonderes für Ihre Gäste und ein stets willkommenes Geschenk. Probieren Sie's einfach aus!

Die Farbfotos gestalteten
Odette Teubner und Dorothee Gödert.

INHALT

In speziellen Einkochgläsern, mit Twist-Off-Deckel oder Gummiring und Metallklammern oder -bügeln verschlossen, hält Ihr Vorrat monatelang.

Frisches Fleisch oder Fisch verderben in kurzer Zeit, Gemüse wird welk oder schimmelt, wenn es nicht sachgemäß gelagert wird. Um diese natürlichen Prozesse aufzuhalten, gibt es verschiedene Konservierungsmethoden:

Konservieren durch Einkochen

Bevor die moderne Gefriertechnik erfunden wurde, war das Einkochen von Gemüse und Obst die gebräuchlichste Art, große Vorräte haltbar zu machen. Dazu werden die Zutaten mit Wasser und eventuell einigen Gewürzen in spezielle Einkochgläser mit Gummiring und passendem Deckel gefüllt, mit Klammern verschlossen und im heißen Wasserbad so lange erhitzt, bis der Inhalt gar und alle Luft aus dem Glas entwichen ist. Ein Nachteil dieser Methode ist, daß die Einkochzeiten relativ lang sind und das Gemüse dadurch viel an Vitaminen und auch an Geschmack einbüßen kann. Zudem brauchen Sie dafür einen sehr großen Topf, damit Sie mehrere Gläser gleichzeitig darin erhitzen können. Große Mengen an Gemüse werden deshalb heute besser blanchiert, abgekühlt und portionsweise eingefroren.
Bei einigen Zutaten, zum Beispiel wenn Sie Sauerkraut länger als ein paar Monate lagern möchten, ist es auch heute noch sinnvoll, das Kraut in Gläser zu füllen und einzukochen.
Einkochen funktioniert immer nach dem gleichen Prinzip. Das Einmachgut wird in die speziellen Einkochgläser gefüllt, mit dem nassen Gummiring und dem Deckel belegt. Den Deckel dann mit Metallklammern oder einem Metallbügel fest verschließen. Die Gläser jeweils in ein Tuch wickeln, damit sie beim Garen nicht aneinanderstoßen und platzen können. Dann nebeneinander in einen großen

Topf stellen und so viel Wasser angießen, daß die Gläser mindestens 2 cm bedeckt sind. Das Wasser zum Kochen bringen, die Hitze reduzieren und das Einkochgut je nach Sorte 30 – 120 Minuten im leise simmernden Wasser einkochen. Dann das Wasser etwas abkühlen lassen, bis Sie die Gläser mit einer Zange herausnehmen können, ohne Gefahr zu laufen, sich zu verbrennen. Die Gläser auf ein Küchentuch stellen und bis zum nächsten Tag vollkommen auskühlen lassen. Dann die Metallklammern oder den Bügel entfernen. Das Glas am Deckel hochheben. Sitzt er fest, ist die Konserve lange haltbar. Geht er dagegen ab, müssen Sie den Inhalt des Glases bald verbrauchen.

Gemüse, das nicht gegart werden muß, bestreuen Sie mit Salz und lassen es über Nacht stehen. Dadurch wird ihm ein Teil der Flüssigkeit entzogen, und der Essig kann später besser eindringen. Am nächsten Tag das Salz abwaschen und das Gemüse sehr gut trockentupfen. In sterilisierte Gläser füllen und mit Essig und beliebigen Gewürzen und Kräutern auffüllen. Gießen Sie kalten Essig an, bleibt das Gemüse schön bißfest, bei heißem Essig wird es etwas weicher. Andere Gemüsesorten, wie zum Beispiel rote Beten, müssen vor dem Einlegen vorgekocht werden. Gemüse mit kurzer Garzeit, wie beispielsweise Kürbis, wird nicht eingesalzen, sondern kurz in der Essigmischung gegart. Durch Zugabe von Zucker und Salz wird die bakterientötende Wirkung verstärkt, und Sie können die Essiglösung milder zubereiten. Normalerweise mischt man 1 l Essig mit 1/2 l Wasser, bei Zugabe von Zucker und Salz kann man beides zu gleichen Teilen vermengen.

Gärtöpfe aus Steingut sind nicht nur praktisch, sondern sehen auch schön aus. Im Einmachtopf lassen sich größere Mengen von Gläsern auf einmal einkochen.

Konservieren mit Essig

Essig verhindert die Bildung von Schimmel und Bakterien und bewirkt, daß Lebensmittel, die darin eingelegt werden, über längere Zeit haltbar sind. Zudem gibt der Essig noch sein Aroma an die Zutaten ab. Wichtig ist deshalb vor allem die Qualität des Essigs. Sparen Sie also in dieser Hinsicht besser nicht. Und: Der Essig muß mindestens 4 % Säure enthalten, sonst ist seine konservierende Wirkung nicht ausreichend. Auf die gleiche Art funktioniert auch das Einlegen in Alkohol, er muß allerdings hochprozentig (etwa 38 %) sein. Wein und Bier haben einen zu geringen Alkoholgehalt, können aber mit Essig vermischt werden.

Konservieren mit Öl

Öl bildet eine schützende Schicht über und um die Zutaten, so daß sie für einige Monate haltbar gemacht werden. Vor allem Gemüse wird dazu aber vorher ebenfalls mit Essig behandelt, damit es länger haltbar wird. Es genügt dabei, das Gemüse einige Minuten in einer Essiglösung zu kochen, dann läßt man es sehr gut abtropfen und schichtet es in Gläser, die mit Öl aufgefüllt werden. Bei allem, was in Öl eingelegt wird, ist es besonders wichtig, daß es vollkommen davon bedeckt ist. Deshalb sollten Sie nach dem Einlegen die Gläser nach einigen Tagen noch einmal kontrollieren und eventuell ein wenig Öl nachgießen, denn die Zutaten saugen etwas Öl auf.

Konservieren durch Trocknen

Diese Methode wird auch heute noch – vor allem in Regionen mit reichlich Sonnenschein – praktiziert. Insbesondere Gewürze und Kräuter lassen sich aber auch bei uns sehr gut trocknen. Chilischoten können Sie zum Beispiel mit einer Nadel auf einen Bindfaden ziehen, an einem luftigen Ort aufhängen und trocknen lassen, bis sie so trocken sind, daß sie sich zerbröseln lassen. Das dauert in der Regel mindestens 2 Wochen. Auf die gleiche Art lassen sich die Schalen von Zitrusfrüchten und auch Kräuter trocknen. Kräuter dazu mit einem Bindfaden bündeln und an einem trockenen Ort aufhängen. Nach dem Trocknen alle diese Zutaten in Schraubgläsern aufbewahren. Wer allerdings mehr trocknen will – vor allem Pilze und Tomaten bekommen durch diese Konservierungsmethode ein besonders feines Aroma –, sollte die Anschaffung eines Dörrgerätes in Erwägung ziehen.

Geräte zum Einmachen

Einmachtopf

Wer oft Gemüse einkochen will, braucht dafür einen ausreichend großen Topf oder gleich einen speziellen Einmachtopf. Diese Töpfe haben in der Regel ein Fassungsvermögen von etwa 15 Litern und sind so hoch, daß man mehrere Gläser übereinanderschichten kann. Außerdem können Sie mit ihnen auch sehr gut entsaften. Die Früchte oder das Gemüse werden dabei unter Druck gegart und entsaftet, der Saft läuft durch ein Rohr und einen Schlauch ab und kann bequem aufgefangen werden. Zudem haben diese Töpfe auch ein Thermometer, so daß Sie die Temperatur im Inneren des Topfes immer leicht feststellen können. Die Anschaffung lohnt aber, wie gesagt, nur für die, die viel einkochen wollen und keine Gefriertruhe haben.

Gärtopf

Für die Herstellung von Sauerkraut können Sie zwar auch Glasgefäße nehmen, aber spezielle Gärtöpfe sind einfach ideal, um große Mengen problemlos zuzubereiten und gleich darin aufzubewahren. Die Töpfe sind aus Steingut und werden mit einer lebensmittelechten Glasur versehen oder aber bei sehr hohen Temperaturen gebrannt. Sie werden immer mit Deckel und Beschwerungssteinen geliefert und haben zusätzlich eine Wasserrinne. Man legt den Deckel auf und gießt Wasser in die Rinne, wodurch der Topf luftdicht verschlossen wird. Gärtöpfe werden gründlich mit Wasser gereinigt. Kaufen können Sie Gärtöpfe in Haushaltswarengeschäften und in größeren Naturkostläden.

Dörrgerät

Vor allem für Gartenbesitzer lohnt sich unter Umständen die Anschaffung eines Dörrgerätes, mit dem man Obst wie Äpfel, Birnen und Zwetschgen, Gemüse, zum Beispiel Suppengrün, Pilze, Kräuter und vieles mehr problemlos trocknen kann. Überlegen Sie aber, ob Sie genügend Platz für das Gerät haben, denn das Trocknen dauert viele Stunden. Beim Kauf eines Gerätes sollten Sie vor allem darauf achten, daß ein Temperaturregler eingebaut ist, daß das Gerät leicht zu bedienen und einfach zu reinigen ist. Fürs Trocknen selbst finden Sie in der Anleitung des Herstellers Anhaltspunkte für die Trockendauer, die allerdings je nach Qualität und Sorte der Zutaten schwanken kann. Obst und Tomaten sollten trocken, aber noch biegsam sein. Das meiste andere Gemüse – wie auch Pilze und Kräuter – sollte hingegen so trocken sein, daß es raschelt. Nach dem Trocknen die Zutaten immer gut verschlossen lagern, damit das Aroma erhalten bleibt.

Nicht nur Kräuter lassen sich gut trocknen, auch Zitronenschalen und Chilischoten können Sie auf diese Weise lange haltbar machen.

<u>Essigtopf</u>
Wer gerne Essig selber macht, kann sich einen Essigtopf anschaffen. Die Töpfe sind meist aus glasiertem Ton und haben einen praktischen Ausgußhahn. Informieren Sie sich im Fachhandel oder in Töpfereien, wo die Töpfe manchmal sogar mit Essigmutter verkauft werden, so daß Sie problemlos Essig selbst herstellen können.

Geeignete Gläser

Zum Einkochen brauchen Sie spezielle Gläser mit passendem Gummiring und Glasdeckel. Falls die Gläser keinen Bügelverschluß haben, müssen Sie zusätzlich Verschlußklammern kaufen. Für in Essig und Öl Eingelegtes eignen sich sowohl Gläser mit Gummiring und Bügelverschluß wie auch Gläser mit einfachem Schraubverschluß. Und alles, was heiß in Gläser kommt und sofort verschlossen wird, ist am besten in Twist-Off-Gläsern aufgehoben. Wenn Sie Gläser verwenden, die schon einmal in Gebrauch waren, prüfen Sie vor allem, ob sie unversehrt sind. Fahren Sie mit dem Finger über den Rand, er muß glatt sein. Der Deckel darf zudem nicht beschädigt sein.

Zubehör

Zum sauberen und einfachen Arbeiten ist es sinnvoll, einen Einfülltrichter anzuschaffen, mit dem auch größere Gemüsestücke in die Gläser gefüllt werden können. Außerdem können Sie mit einer speziellen Zange eingekochte oder sterilisierte Gläser leichter herausnehmen.

Gläser sterilisieren

Wollen Sie die eingelegten Zutaten nur für kurze Zeit lagern oder werden die Zutaten kochendheiß eingefüllt, wie zum Beispiel bei Chutneys, genügt es, die Gläser gründlich zu säubern. Bei allen anderen Gerichten sollten Sie die Gläser vorsichtshalber zusätzlich sterilisieren. Dazu die Gläser zuerst gründlich mit Spülmittel säubern und mit klarem Wasser nachspülen. Dann in einen großen Topf legen, mit heißem Wasser bedecken und dieses zum Kochen bringen. Die Gläser im kochenden Wasser etwa 5 Minuten erhitzen, dann den Herd abschalten und die Gläser bis zum Gebrauch noch im heißen Wasser liegenlassen. Bevor Sie das Einmachgut einfüllen, die Gläser umgedreht auf ein sauberes Küchentuch stellen und abtropfen lassen.

Allgemeine Tips

- Grundsätzlich gilt, daß alle Zutaten sehr frisch sein müssen. Gemüse soll reif, aber keinesfalls überreif oder gar welk sein.

Liebevoll verpackte Spezialitäten aus der eigenen Küche sind immer ein willkommenes Mitbringsel. Ihrer Phantasie sind dabei keine Grenzen gesetzt.

- Fisch, Fleisch und Eier können das ganze Jahr hindurch problemlos eingelegt und mariniert werden. Bei Gemüse sollten Sie sich an die Monate halten, in denen das Gemüse entweder bei uns reif ist oder aber aus Exporten relativ preiswert angeboten wird.
- Unerläßlich bei jeder Art des Einmachens ist Sauberkeit. Sowohl die Gläser, in denen die Zutaten eingelegt werden, als auch alle Geräte, die Sie zum Vorbereiten und Zubereiten benötigen, müssen sehr sauber sein und dürfen auf keinen Fall Spülmittelreste mehr haben, damit der Geschmack nicht beeinträchtigt wird.
- Wenn Sie beim Einfüllen der Zutaten den Gläserrand verschmieren, die Gläser immer gleich gründlich mit einem feuchten Tuch abwischen, damit die Gläser gut verschlossen werden können.
- Verwenden Sie möglichst für alles Eingelegte Meersalz, denn das enthält keine chemischen Zusätze wie zum Beispiel Rieselhilfen, die das Ergebnis beeinträchtigen könnten.
- Alle Gerichte mit Essig müssen in Gefäßen zubereitet und gelagert werden, die nicht mit Essig reagieren. Also säurefeste Materialien wie Edelstahl, Porzellan oder Glas verwenden.
- Riecht der Inhalt eines geöffneten Glases nicht mehr angenehm, nicht probieren, sondern den Inhalt wegwerfen. Vor allem bei Fisch und Fleisch kann man sich sonst leicht gefährliche Lebensmittelvergiftungen zuziehen.

Sachgerecht lagern

In Essig und Öl Eingelegtes lagern Sie am besten an einem kühlen, dunklen Ort, zum Beispiel einem ungeheizten Keller oder in einer Speisekammer. Alle Gläser vorher immer mit Datum und Inhalt beschriften, denn man vergißt leicht, ob man das Gemüse nun vor zwei

oder drei Monaten eingelegt hat. Als Faustregel gilt: Alles in Öl Eingelegte hält sich 3–6 Monate, in Essig Eingelegtes können Sie bis zu einem Jahr lagern.
Hinweise für die Haltbarkeit finden Sie auch immer bei den Rezepten. Alles, was Sie einmal geöffnet haben, sollten Sie im Kühlschrank lagern. Und ganz wichtig: Die Zutaten immer mit frischem Besteck aus den Gläsern holen, denn an gebrauchtem Besteck haften Bakterien, die bewirken können, daß die Zutaten im Glas schneller verderben.

Zur Tabelle

Die schraffierten Stellen bezeichnen die Monate, in denen das jeweilige Gemüse besonders reichhaltig vorkommt, oder aber den Zeitpunkt, zu dem es zum Einlegen am besten geeignet ist. So gibt es Weißkohl zwar das ganze Jahr über zu kaufen, Sauerkraut gelingt aber nur mit dem festen Kohl, den es ab September zu kaufen gibt. Sommerkohl hingegen wird beim Einsäuern zu weich.

Gemüseart	Jan.	Feb.	März	April	Mai	Juni	Juli	Aug.	Sep.	Okt.	Nov.	Dez.
Artischocken, klein	x	x	x								x	x
Auberginen							x	x	x	x		
Blumenkohl					x	x	x	x	x	x		
Bohnen, grün					x	x	x	x	x	x		
Champignons	x	x	x	x	x	x	x	x	x	x	x	x
Chinakohl	x	x				x	x	x	x	x	x	x
Erbsen						x	x	x				
Fenchel						x	x	x	x	x	x	x
Frühlingszwiebeln					x	x	x	x				
Gurken							x	x	x			
Knoblauch				x	x	x	x	x	x	x	x	x
Kohl									x	x	x	x
Kohlrabi				x	x	x	x	x	x	x	x	
Kürbis									x	x	x	
Lauch				x	x	x	x	x	x	x	x	x
Meerrettich	x	x	x	x					x	x	x	x
Möhren	x	x	x	x	x	x	x	x	x	x	x	x
Paprikaschoten						x	x	x	x	x	x	
Peperoni						x	x	x	x	x	x	
Rote Bete					x	x	x	x	x	x	x	
Stangensellerie							x	x	x			
Tomaten						x	x	x	x	x		
Zucchini						x	x	x	x	x		
Zwiebeln	x	x	x	x	x	x	x	x	x	x	x	x

Marinierte Sardinen

Zutaten für 2 Gläser von je etwa 700 ml Inhalt:
- *1 kg frische Sardinen*
- *2 Eßl. Mehl*
- *1 Zwiebel · 1 Möhre*
- *1 Stange Staudensellerie*
- *3–4 Eßl. Olivenöl*
- *etwa 1/4 l Weißweinessig*
- *etwa 1/2 l trockener Weißwein*
- *Meersalz*
- *weißer Pfeffer, frisch gemahlen*
- *1 Lorbeerblatt · 1 Zweig Thymian*
- *4 Salbeiblätter*

Raffiniert

Pro Glas etwa:
2700 kJ/640 kcal
75 g Eiweiß · 27 g Fett
14 g Kohlenhydrate

- Zubereitungszeit: etwa 1 1/4 Stunden
- Haltbarkeit: 2–4 Wochen

1. Die Sardinen kurz kalt abspülen und trockentupfen. Die Köpfe und die Schwänze abschneiden. Die Sardinen an den Bäuchen aufschneiden. Die Mittelgräte mit einem Löffelstiel ablösen und herausziehen. Die Fische mit dem Mehl bestäuben. Überschüssiges Mehl leicht abklopfen.

2. Die Zwiebel und das Gemüse schälen oder putzen, waschen und fein zerkleinern.

3. Das Öl in einer Pfanne erhitzen. Die Sardinen darin portionsweise von beiden Seiten bei mittlerer Hitze je 1–2 Minuten goldgelb braten. Dann auf einem Teller beiseite legen.

4. Das Gemüse im verbliebenen Fett anbraten. Mit dem Essig und dem Wein ablöschen, mit Salz und Pfeffer würzen und das Lorbeerblatt dazugeben. Den Thymian und den Salbei waschen und dazugeben. Die Marinade etwa 10 Minuten köcheln, dann erkalten lassen.

5. Die Sardinen und die Marinade lagenweise in sterilisierte Gläser schichten. Die Fische müssen ganz von Marinade bedeckt sein. Falls die Marinade zu wenig ist, erneut Essig und Wein zum Kochen bringen, erkalten lassen und über die Fische gießen. Die Gläser verschließen und die Fische mindestens 1 Tag an einem kühlen Ort marinieren. Im Kühlschrank aufbewahren.

Eingelegter Thunfisch

Zutaten für 3 Gläser von je etwa 450 ml Inhalt:
- *1/2 l Weißweinessig*
- *1 Stück Zimtstange*
- *1 Muskatblüte*
- *1 Teel. weiße Pfefferkörner*
- *1 Teel. Gewürznelken*
- *1 getrocknete Chilischote*
- *2 Eßl. Zucker · Meersalz*
- *1 kg frischer roter Thunfisch*
- *4 Eßl. Sonnenblumenöl*

Gelingt leicht

Pro Glas etwa:
3300 kJ/790 kcal
62 g Eiweiß · 49 g Fett
36 g Kohlenhydrate

- Zubereitungszeit: etwa 1 Stunde
- Haltbarkeit: 3–4 Wochen

1. Den Essig mit 1/4 l Wasser und den Gewürzen sowie dem Zucker und Salz zum Kochen bringen. Die Mischung etwa 15 Minuten köcheln lassen.

2. Den Thunfisch von der dicken Mittelgräte und von der Haut befreien und in Würfel von etwa 1 cm Größe schneiden.

3. Das Öl in einer großen Pfanne erhitzen. Den Fisch darin portionsweise bei starker Hitze rundherum etwa 2 Minuten anbraten und wieder herausnehmen.

4. Den Fisch in den Essigsud geben, einmal aufkochen, vom Herd ziehen und im Sud etwa 10 Minuten ziehen lassen.

5. Die Mischung in sterilisierte Gläser füllen, verschließen und mindestens 1 Tag ziehen lassen. Im Kühlschrank aufbewahren.

Variante:
Gut schmeckt der Fisch auch, wenn Sie ihn im Sud erkalten lassen, dann abgetropft in Gläser füllen und mit gutem Sonnenblumenöl (pro Glas etwa 200 ml) auffüllen.

Im Bild vorne: Eingelegter Thunfisch
Im Bild hinten: Marinierte Sardinen

Marinierte Bratheringe

Bratheringe sind ein deftiges Vergnügen, für das auch Feinschmecker raffiniertere Fischgerichte stehenlassen.

Zutaten für 15 Heringe:
15 grüne Heringe (etwa 1,5 kg)
Meersalz
weißer Pfeffer, frisch gemahlen
100 g Mehl
4–6 Eßl. Sonnenblumenöl
2 Zwiebeln
4 Lorbeerblätter
2 Teel. Wacholderbeeren
2 Teel. weiße Pfefferkörner
1 Prise Zucker
etwa 200 ml Weißweinessig

Gelingt leicht

Pro Hering etwa:
890 kJ/210 kcal
15 g Eiweiß · 15 g Fett
5 g Kohlenhydrate

- Zubereitungszeit: etwa 1 Stunde
- Haltbarkeit: 1–2 Wochen

1. Die Heringe am besten schon vom Fischhändler ausnehmen lassen. Die Fische gründlich unter fließendem kaltem Wasser waschen. Es dürfen keine Blutreste mehr in den Fischen sein.

2. Die Heringe innen und außen mit Küchenpapier trockentupfen. Mit Salz und Pfeffer würzen. Das Mehl auf eine längliche Platte schütten. Die Fische von beiden Seiten darin wälzen, überschüssiges Mehl abklopfen.

3. Das Öl nach und nach in einer großen Pfanne erhitzen. Die Fische darin portionsweise pro Seite bei mittlerer Hitze in etwa 5 Minuten schön braun braten. Die Fische jeweils herausnehmen und erkalten lassen.

4. Für den Sud die Zwiebeln schälen und in sehr feine Scheiben schneiden. Mit den Lorbeerblättern, den Wacholderbeeren, den Pfefferkörnern, dem Zucker, dem Essig und etwa 1/2 l Wasser in einen Topf geben und erhitzen. Einige Minuten kochen, dann ebenfalls abkühlen lassen.

5. Die Bratheringe in eine längliche Form legen, die in den Kühlschrank passen muß. Mit dem Essigsud begießen. Die Fische müssen ganz davon bedeckt sein. Gegebenenfalls noch etwas Essig mit Wasser kochen, abkühlen lassen und darüber gießen. Die Heringe im Kühlschrank 1–2 Tage durchziehen lassen. Im Kühlschrank aufbewahren. Sie schmecken sehr gut mit Bratkartoffeln, aber auch einfach nur mit Brot.

Variante:
Rollmops
Dafür 15 Salzheringe über Nacht in kaltes Wasser legen. Dann gründlich abtropfen lassen und mit Küchenpapier abtupfen. Jeden Fisch in zwei Filets teilen und die Mittelgräte vorsichtig entfernen. Einige Gewürzgurken der Länge nach in Streifen schneiden. 2 Zwiebeln fein hacken. Die Fischfilets ganz dünn mit scharfem Senf bestreichen, mit den Zwiebelwürfeln und den Gurkenstreifen belegen und aufrollen. Mit Zahnstochern feststecken. Die Marinade wie oben beschrieben mit Senfkörnern statt mit Wacholderbeeren zubereiten, erkalten lassen und die Rollmöpse damit begießen. 2–3 Tage ziehen lassen und im Kühlschrank aufbewahren. Sie halten sich 1–2 Wochen.

Mit Zwiebelringen belegt und zu knusprigen Bratkartoffeln serviert, werden marinierte Bratheringe zu einer herzhaften Hauptmahlzeit.

Graved Lax

Dieser Fisch wird durch Salz »gegart« und mariniert, ist aber leider nur einige Tage haltbar.

Zutaten für 10 Personen:
1 Lachsfilet von etwa 1 kg, mit Haut
2 große Bund Dill
1 Eßl. weiße Pfefferkörner
3 Eßl. Meersalz
1 1/2 Eßl. Zucker

Für Gäste

Pro Portion etwa:
780 kJ/190 kcal
18 g Eiweiß · 12 g Fett
1 g Kohlenhydrate

- Zubereitungszeit: etwa 20 Minuten
- Marinierzeit: etwa 48 Stunden
- Haltbarkeit: 3–4 Tage

1. Das Lachsfilet kalt abspülen, gründlich trockentupfen und mit der Hautseite nach unten in eine ausreichend große, längliche Porzellan- oder Glasform legen. Eventuell vorhandene Gräten mit einer Pinzette entfernen.

2. Den Dill waschen, sehr gründlich trockentupfen und mit den Stielen sehr fein zerkleinern. Die Pfefferkörner mit einem großen, schweren Messer zerdrücken oder im Mörser zerstoßen. Den Pfeffer mit dem Salz und dem Zucker mischen und gleichmäßig auf dem Lachsfilet verteilen. Den Dill darüber streuen.

3. Das Lachsfilet mit Klarsichtfolie bedecken. Ein Holzbrett darauf legen und beschweren – zum Beispiel mit wassergefüllten Einmachgläsern. Den Lachs in den Kühlschrank stellen und etwa 48 Stunden marinieren. Dabei gelegentlich mit dem Saft, der sich in der Schüssel sammelt, begießen.

4. Zum Servieren das Lachsfilet abtropfen lassen, mit der Hautseite nach unten auf ein großes Brett legen und die Marinade abstreifen. Den Lachs mit einem biegsamen Messer mit dünner Klinge leicht schräg in dünnen Scheiben von der Haut schneiden.

Tip!

Dazu schmeckt eine Senfsauce aus Senf, Zucker, Salz, Pfeffer, Weißweinessig und etwas von der Lachsmarinade. Etwas Öl darunterschlagen und mit Dillspitzen verfeinern.

Forellen-Rillettes

Zutaten für 2 Gläser von je etwa 450 ml Inhalt:
300 g frische Forellenfilets
200 g weiche Butter
4 Eßl. trockener Weißwein
300 g geräuchertes Forellenfilet
Meersalz
weißer Pfeffer, frisch gemahlen
Saft von 1/2 Zitrone

Raffiniert

Pro Glas etwa:
4800 kJ/1100 kcal
1 g Eiweiß · 83 g Fett
4 g Kohlenhydrate

- Zubereitungszeit: etwa 30 Minuten
- Haltbarkeit: etwa 1 Monat

1. Die frischen Forellenfilets waschen, trockentupfen und in kleine Würfel schneiden. In einem Topf 20 g Butter zerlassen. Die Forellenstücke darin andünsten, dann den Wein angießen und die Fischstücke zugedeckt bei schwacher Hitze etwa 10 Minuten köcheln lassen, bis sie zerfallen.

2. Inzwischen das geräucherte Forellenfilet mit zwei Gabeln sehr fein zerpflücken.

3. Das gegarte Forellenfleisch etwas abkühlen lassen, dann mit dem geräucherten Forellenfilet und etwa 150 g Butter zu einer geschmeidigen Paste verkneten. Mit Salz, Pfeffer und dem Zitronensaft pikant abschmecken.

4. Die Paste in sterilisierte Gläser füllen und glattstreichen. Die übrige Butter in einem Topf bei schwacher Hitze zerlassen, aber nicht braun werden lassen. Die Butter auf den Rillettes verteilen und fest werden lassen. Die Gläser verschließen und im Kühlschrank aufbewahren.

Im Bild vorne: Forellen-Rillettes
Im Bild hinten: Graved Lax

Enten-Rillettes

Enten-Rillettes schmeckt vorzüglich als raffinierter Brotaufstrich auf knusprigem Weißbrot, aber auch auf kräftigem Bauernbrot. Dazu paßt ein leichter Rotwein.

Zutaten für 4 Gläser von je etwa 450 ml Inhalt:
1 Ente (etwa 1,8 kg)
1 kg roher Schweinebauch
Meersalz
schwarzer Pfeffer, frisch gemahlen
4–5 Lorbeerblätter
2 Teel. getrocknete Kräuter der Provence
3 Gewürznelken
125 g Gänseschmalz
50 ml Cognac (ersatzweise Wasser)

Braucht etwas Zeit

Pro Glas etwa:
8500 kJ/2000 kcal
98 g Eiweiß · 180 g Fett
0 g Kohlenhydrate

- Zubereitungszeit: etwa 6 Stunden
- Haltbarkeit: etwa 2 Monate

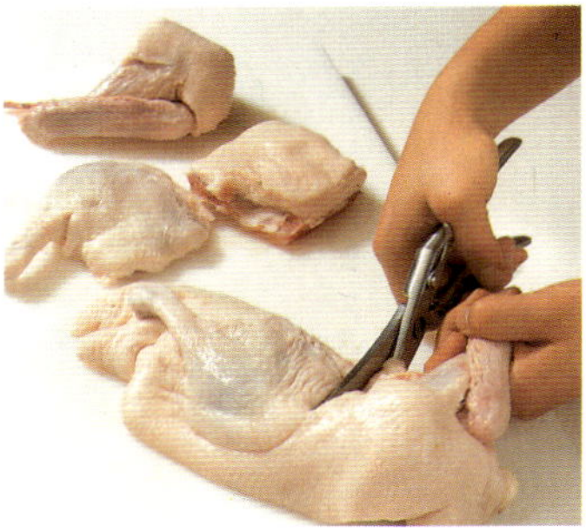

1. Die Ente in 8 Stücke zerlegen. Den Schweinebauch von der Schwarte befreien und in etwa 1 cm große Würfel schneiden. Den Backofen auf 150 ° vorheizen.

2. Die Entenstücke und den Schweinebauch in einen großen Schmortopf geben. Etwa 1 Eßlöffel Salz mit Pfeffer, den zerbröselten Lorbeerblättern, den Kräutern und den Gewürznelken untermischen. Das Gänseschmalz in Stücke schneiden und auf dem Fleisch verteilen. Den Cognac oder das Wasser angießen.

3. Die Enten- und die Schweinefleischstücke im heißen Ofen (Mitte) zugedeckt etwa 5 Stunden garen (Gas: Stufe 3), bis das Fleisch von den Knochen fällt. Dabei gelegentlich durchrühren und prüfen, wie weich das Fleisch schon ist.

4. Die Mischung in ein Sieb (mit einer großen Schüssel darunter) schütten. Das Fleisch herausnehmen, gründlich von allen Knochen befreien, mit zwei Gabeln gut zerpflücken. Nehmen Sie sich hierfür genügend Zeit, denn je sorgfältiger Sie das Fleisch zerpflücken, desto feiner wird die Rillettes.

5. Das Fleisch wieder in den Schmortopf geben. Vom abgetropften Fett mit einem Schöpflöffel pro Glas etwa 1 Schöpflöffel vom klaren Fett abschöpfen und beiseite stellen.

6. Vom restlichen Fett etwa 300 ml abmessen und unter das zerpflückte Fleisch mischen. Die Masse noch einmal erhitzen und unter ständigem Rühren bei mittlerer Hitze etwa 10 Minuten garen, bis sie schön geschmeidig ist.

7. Die Masse in sterilisierte Gläser oder Steinguttöpfe füllen, dabei gründlich mit einem Löffel in die Gläser oder Töpfe drücken, damit keine Luftlöcher entstehen. Jeweils etwa 1 cm hoch vom beiseite gestellten Fett auf die Rillettes verteilen.

8. Die Gläser oder Töpfe stehenlassen, bis die Fettschicht fest und weißlich wird. Die Gläser verschließen oder die Steinguttöpfe mit Pergamentpapier und Faden abdecken und im Kühlschrank oder an einem sehr kühlen Ort lagern. Sobald die Fettschicht angestochen ist, hält sich die Rillettes nur noch etwa 10 Tage.

Varianten:
Statt Entenfleisch schmeckt auch Gänsefleisch oder Kaninchen. Die Zubereitung bleibt gleich, würzen können Sie eventuell zusätzlich mit Wacholderbeeren, einem Stück Zimtstange oder auch einmal etwas pikanter mit getrockneter Pfefferschote. Gut schmeckt es auch, wenn Sie etwas Gemüse, zum Beispiel Möhren oder Zwiebeln, mit dem Fleisch garen.
Sie können aber auch nur Schweinebauch nehmen. Dann lassen Sie das Gänseschmalz weg, denn Schweinebauch enthält selbst genügend Fett.
Die Garzeit können Sie um 1–2 Stunden verlängern, damit das Fett noch besser austritt.

Griebenschmalz mit Majoran

Zutaten für 2 Gläser von je etwa 1/2 l Inhalt:
750 g fetter Schweinebauch
250 g Zwiebeln
1 säuerlicher Apfel
1 großes Bund Majoran
Meersalz

Preiswert

Pro Glas etwa:
6400 kJ/1500 kcal
54 g Eiweiß · 140 g Fett
18 g Kohlenhydrate

- Zubereitungszeit: etwa 1 1/2 Stunden
- Haltbarkeit: 3–4 Monate

1. Den Schweinebauch gegebenenfalls von der Schwarte befreien, dann in kleine Würfel schneiden.

2. Die Würfel in einen Topf geben und bei schwacher Hitze erwärmen, bis das Fett austritt. Den Schweinebauch dann unter gelegentlichem Rühren etwa 30 Minuten weiterbraten, bis er anfängt, knusprig zu werden.

3. Inzwischen die Zwiebeln schälen und sehr fein würfeln. Den Apfel vierteln, schälen, vom Kerngehäuse befreien und in schmale Schnitze teilen. Den Majoran waschen, trockentupfen, die Blättchen von den Stielen zupfen und grob hacken.

4. Die Zwiebeln, den Apfel und den Majoran mit 1 kräftigen Prise Salz zum Schweinebauch geben. Alles noch etwa 30 Minuten garen, bis die Schweinefleischwürfel schön knusprig sind. Dabei immer wieder durchrühren.

5. Das Schmalz in sterilisierte Gläser oder Steinguttöpfe füllen und abkühlen lassen. Dann mit Pergamentpapier und Küchengarn verschließen und an einem kühlen Ort oder im Kühlschrank aufbewahren.

Eier im Kräutersud

Eine ideale Verarbeitung von übriggebliebenen hartgekochten Eiern, zum Beispiel an Ostern. Natürlich können Sie sie auch frisch zubereiten. Dann etwa 8 Minuten kochen, kalt abschrecken und abtropfen lassen.

Zutaten für 1 Glas von etwa 1 l Inhalt:
10 hartgekochte Eier
1 Bund gemischte Kräuter (zum Beispiel Petersilie, Schnittlauch, Dill Kerbel, Kresse)
2 frische Lorbeerblätter
1 frische grüne oder rote Pfefferschote
1/2 unbehandelte Zitrone
1/4 l Weißweinessig
1 Eßl. grüne Pfefferkörner (getrocknet oder aus dem Glas)
2 Eßl. Zucker

Raffiniert

Etwa: 2200 kJ/520 kcal
39 g Eiweiß · 36 g Fett
7 g Kohlenhydrate

- Zubereitungszeit: etwa 15 Minuten
- Haltbarkeit: etwa 10 Tage

1. Die Eier schälen und in ein hohes verschließbares Glas geben.

2. Die Kräuter waschen und sehr gut trockenschütteln. Unzerkleinert zusammen mit den Lorbeerblättern zu den Eiern in das Glas geben. Die Pfefferschote längs durchschneiden, vom Stielansatz und allen Kernen befreien und gründlich kalt abspülen. Dann in feine Streifen schneiden. Dabei mit den Händen nicht in die Augen kommen, das brennt wie Feuer. Von der Zitronenhälfte die Schale dünn abschneiden.

3. Den Essig mit 350 ml Wasser, der Pfefferschote, der Zitronenschale, den Pfefferkörnern und dem Zucker in einen Topf geben und zum Kochen bringen.

4. Den heißen Sud über die Eier gießen. Die Eier sollen ganz davon bedeckt sein. Die Eier abkühlen lassen, verschließen und im Kühlschrank etwa 2 Tage ziehen lassen.

Im Bild vorne:
Griebenschmalz mit Majoran
Im Bild hinten:
Eier im Kräutersud

Schafkäse in Öl

Statt Schafkäse schmecken auf diese Art auch kleine feste Ziegenkäse, die es in Delikateß- und Käsegeschäften zu kaufen gibt.

Zutaten für 2 Gläser von je etwa 1/2 l Inhalt:
700 g fester Schafkäse
je 2 Zweige frischer Rosmarin und Salbei
2 Lorbeerblätter
4 Knoblauchzehen
2 getrocknete rote Pfefferschoten
etwa 300 ml Olivenöl, kaltgepreßt

Schnell

Pro Glas etwa:
3800 kJ/900 kcal
50 g Eiweiß · 75 g Fett
2 g Kohlenhydrate

- Zubereitungszeit: etwa 15 Minuten
- Haltbarkeit: 3–4 Wochen

1. Den Schafkäse in Würfel von etwa 1 cm Größe schneiden und in gut gesäuberte verschließbare Gläser füllen.

2. Die Kräuter waschen, sehr gründlich abtrocknen und mit den Stielen in etwa 2 cm lange Stücke schneiden. Das geht am besten mit einer Schere. Die Lorbeerblätter ganz lassen. Die Knoblauchzehen schälen und halbieren.

3. Die Kräuter mit dem Knoblauch und den ganzen Pfefferschoten in die Gläser zum Schafkäse füllen. Alles mit so viel Öl begießen, daß die Zutaten vollkommen davon bedeckt sind. Die Gläser verschließen und den Schafkäse mindestens 2 Tage ziehen lassen.

Pikante Oliven

Zutaten für 2 Gläser von je etwa 300 ml Inhalt:
400 g schwarze Oliven
4 Sardellenfilets
4 Knoblauchzehen
3–4 Zweige frischer Thymian
etwa 1/4 l Olivenöl, kaltgepreßt

Gelingt leicht

Pro Glas etwa:
4600 kJ/1 100 kcal
9 g Eiweiß · 110 g Fett
12 g Kohlenhydrate

- Zubereitungszeit: etwa 15 Minuten
- Haltbarkeit: 2–3 Monate

1. Die Oliven in zwei gut gesäuberte verschließbare Gläser verteilen.

2. Die Sardellenfilets kalt abspülen, um überschüssiges Öl zu entfernen, mit Küchenpapier trockentupfen und in kleine Stücke schneiden oder zerdrücken. Die Knoblauchzehen schälen und halbieren. Den Thymian waschen, trockenschütteln und die Blättchen von den Stielen streifen.

3. Die Sardellen, den Knoblauch und den Thymian mit dem Öl mischen und in die Gläser auf die Oliven füllen. Die Oliven müssen ganz davon überzogen sein. Die Gläser verschließen und die Oliven mindestens 1 Woche durchziehen lassen.

Tip!
Wer keine Sardellen mag, läßt sie weg und würzt die Oliven statt dessen mit frischer Pfefferschote, Kapern oder grünen Pfefferkörnern.

Bild oben: Schafkäse in Öl
Bild unten: Pikante Oliven

Eingelegte Zitronen

Diese würzig-säuerlichen Zitronen schmecken sehr gut als Beilage zu gegrilltem Fleisch und sind zudem ein ideales Gewürz für viele Gerichte, die sonst mit Zitronensaft oder Schale zubereitet werden. Sie brauchen dafür unbedingt Zitronen mit unbehandelter Schale. Um ganz sicher zu gehen, lohnt es sich, die Früchte im Reformhaus oder Naturkostladen zu kaufen. Am besten sind mittelgroße Früchte, sehr große Zitronen haben oft vor allem eine dicke Schale, aber nicht mehr Fruchtfleisch.

Zutaten für 1 Glas von etwa 1 1/2 l Inhalt:
6 unbehandelte Zitronen (etwa 750 g)
40 g Meersalz
1–2 Zimtstangen
1–2 Sternanis
1 Muskatblüte (Macis)
1 Teel. grüne Pfefferkörner
einige Blätter Pfefferminze
einige Zweige frischer Rosmarin

Raffiniert

Etwa: 1000 kJ/240 kcal
5 g Eiweiß · 3 g Fett
48 g Kohlenhydrate

- Zubereitungszeit: etwa 30 Minuten
- Haltbarkeit: 4–6 Monate

1. Die Zitronen unter fließendem warmem Wasser gründlich waschen. In einem großen Topf reichlich Wasser zum Kochen bringen. Die Zitronen hineingeben und etwa 2 Minuten darin kochen lassen. Dann kalt abschrecken, abkühlen lassen und gründlich trockentupfen.

2. Die Zitronen dann der Länge nach über Kreuz einschneiden, aber nicht ganz durchtrennen. Die Viertel sollen an einem Ende noch zusammenhalten.

3. In einem Topf etwa 3/4 l Wasser mit dem Salz und den Gewürzen zum Kochen bringen.

4. Die Pfefferminzblätter und den Rosmarin kalt abspülen und gut trockentupfen. Mit den Zitronen in ein sterilisiertes Glas geben, mit dem kochenden Sud übergießen (sie müssen ganz davon bedeckt sein) und sofort verschließen. Die Zitronen vor dem Öffnen mindestens 3 Wochen ziehen lassen. Nach dem Öffnen an einem kühlen Ort aufbewahren. Zum Essen das Fruchtfleisch aus den Schalen lösen.

Varianten:
Auf die gleiche Art können Sie auch Orangen einlegen, allerdings sind die seltener mit unbehandelter Schale zu bekommen. Ebenfalls köstlich schmecken Zitronen in Öl eingelegt. Dazu die Zitronen vierteln, in kräftig gesalzenem Wasser mit einigen Eßlöffeln Essig 2–3 Minuten kochen, abtropfen lassen, sehr gut trockentupfen und in ein sterilisiertes Glas geben. Mit Öl begießen und mindestens 2 Wochen ziehen lassen.

Tip!

Haben Sie das Glück, in einem weinberankten Haus zu wohnen, oder kennen Sie jemanden, der Weinblätter in Hülle und Fülle zur Verfügung hat? Dann sollten Sie einmal Weinblätter selbst einlegen. Sie lassen sich später wunderbar füllen und zu einer köstlichen Vorspeise verarbeiten.
Die Weinblätter waschen und jeweils einige Blätter aufeinanderlegen. Mit Bindfaden verschnüren, damit sie gestapelt bleiben und später im Glas weniger Platz brauchen. In kochendem Wasser blanchieren, kalt abschrecken und abtropfen lassen. Dann von den Fäden befreien und übereinander in sterilisierte Gläser schichten, die so weit sein sollten, daß die Blätter flach darin liegen können. Einen Salzsud kochen (100 g Meersalz auf 1 l Wasser) und über die Blätter gießen. Die Blätter halten sich darin etwa 1 Jahr. Vor der Verwendung dann gründlich kalt abspülen, um überschüssiges Salz zu entfernen.

Eingelegte Zitronen sind nicht nur eine herb-erfrischende Ergänzung zu gegrilltem Fleisch oder Fisch, sie sind auch optisch ein Genuß.

Zwiebeln mit Ingwer

Zutaten für 4 Gläser von je etwa 450 ml Inhalt:
1 kg kleine weiße Zwiebeln
50 g Meersalz
50 g Ingwerwurzel
1 Teel. Gewürznelken
1 Teel. weiße Pfefferkörner
600 ml Apfelessig

Preiswert

Pro Glas etwa:
450 kJ/110 kcal
4 g Eiweiß · 1 g Fett
18 g Kohlenhydrate

- Zubereitungszeit: etwa 30 Minuten
- Ruhezeit: etwa 24 Stunden
- Haltbarkeit: 6–12 Monate

1. Die Zwiebeln schälen und ganz lassen. Das Salz in 1 l kaltem Wasser auflösen. Die Zwiebeln hineinlegen und etwa 24 Stunden darin ziehen lassen, dabei mehrmals umrühren.

2. Am nächsten Tag den Ingwer gründlich waschen und mit der Schale in Scheiben schneiden. Die Zwiebeln mit einem Schaumlöffel aus der Salzlösung heben, kalt abspülen und mit dem Ingwer, den Gewürznelken und den Pfefferkörnern in Gläser verteilen.

3. Den Essig mit 1/4 l Wasser einmal aufkochen lassen. Die Zwiebeln damit begießen. Die Gläser verschließen und die Zwiebeln mindestens 3 Wochen durchziehen lassen.

Perlzwiebeln in Rotweinmarinade

Zutaten für 4 Gläser von je etwa 400 ml Inhalt:
1 kg Perlzwiebeln
50 g Meersalz
4 Stengel frischer Estragon
300 ml Rotweinessig
200 ml trockener Rotwein
2 Eßl. Zucker

Braucht etwas Zeit

Pro Glas etwa:
450 kJ/110 kcal
3 g Eiweiß · 1 g Fett
21 g Kohlenhydrate

- Zubereitungszeit: etwa 1 1/2 Stunden
- Ruhezeit: etwa 6 Stunden
- Haltbarkeit: 6–12 Monate

1. Die Perlzwiebeln in kochendem Wasser etwa 1 Minute blanchieren. Dann kalt abschrecken, häuten und trockentupfen.

2. Die Zwiebeln mit dem Salz in einer Schüssel mischen und etwa 6 Stunden stehenlassen. Dann gründlich abwaschen, um überschüssiges Salz zu entfernen, und sehr gut trockentupfen.

3. Den Estragon waschen, die Blätter an den Stielen lassen. Die Zwiebeln in sterilisierte Gläser füllen.

4. Den Essig mit dem Wein, 1/4 l Wasser, dem Estragon und dem Zucker erhitzen und einmal aufkochen. Den Estragon herausfischen und jeweils 1 Zweig in die Gläser geben. Den Essigsud über die Zwiebeln gießen. Die Gläser verschließen und die Zwiebeln etwa 4 Wochen ziehen lassen.

Tip!

Die marinierten Perlzwiebeln schmecken gut zu Pasteten oder einem italienischen Antipastiteller mit verschiedenen Salamisorten und luftgetrocknetem Schinken.

Im Bild vorne: Perlzwiebeln in Rotweinmarinade
Im Bild hinten: Zwiebeln mit Ingwer

GEMÜSE – BUNT UND RAFFINIERT

Pikante Essiggurken

Zutaten für 4 Gläser von je 1/2 l Inhalt:
1 kg kleine Einleggurken
100 g Meersalz
4 Dillblüten
1 Stück Meerrettich (etwa 20 g)
1 Teel. weiße Pfefferkörner
1 Bund Dill
3/4 l Weißweinessig
1 Lorbeerblatt
1 Teel. Dillsamen
3 Eßl. Zucker

Gelingt leicht

Pro Glas etwa:
320 kJ/76 kcal
2 g Eiweiß · 0 g Fett
14 g Kohlenhydrate

- Zubereitungszeit: etwa 30 Minuten
- Ruhezeit: etwa 24 Stunden
- Haltbarkeit: 6–12 Monate

Tip!

Verwenden Sie nur knackig frische und feste Gurken. Weiche Stellen beeinträchtigen den Geschmack und die Haltbarkeit.

1. Die Gurken mit einem Tuch gründlich abreiben. Sehr schmutzige Gurken kurz abwaschen und trocknen. Die Stielenden abschneiden. Die Gurken in einer Schüssel mit dem Salz und 1 1/2 l Wasser mischen und mit einem Teller abdecken. Etwa 24 Stunden ziehen lassen.

2. Die Gurken dann etwa 5 Minten in kaltem Wasser wässern, abtropfen lassen und in sterilisierte verschließbare Gläser füllen. Die Dillblüten vorsichtig kalt abspülen, trockentupfen und hinzufügen.

3. Den Meerrettich unter fließendem Wasser gründlich abbürsten, dann ungeschält in dünne Scheiben schneiden. Die Pfefferkörner mit einem breiten Messer grob zerdrücken. Den Dill waschen, trockenschütteln und die Blätter von den Stielen zupfen.

4. Den Essig mit 3/8 l Wasser, den Gewürzen und den Kräutern einmal aufkochen. Mit dem Zucker abschmecken und etwas abkühlen lassen. Den Sud dann über die Gurken gießen. Die Gurken verschließen und etwa 14 Tage ziehen lassen.

Senfgurken

Zutaten für 5 Gläser von je etwa 450 ml Inhalt:
3 große Salatgurken von je etwa 600 g
3/4 l Weißweinessig
100 g Zucker
1 großes Bund Dill
50 g Senfkörner
5 Lorbeerblätter

Preiswert

Pro Glas etwa:
570 kJ/140 kcal
2 g Eiweiß · 0 g Fett
29 g Kohlenhydrate

- Zubereitungszeit: etwa 30 Minuten
- Ruhezeit: etwa 24 Stunden
- Haltbarkeit: 6–12 Monate

Tip!

Nehmen Sie gerade bei Gurken einen hochwertigen, relativ milden Essig, damit die Gurken nicht zu sauer schmecken.

1. Die Gurken schälen, längs halbieren und die Kerne mit einem Löffel gründlich herauskratzen. Die Gurken in fingerlange, dünne Streifen schneiden.

2. Den Essig mit 1/2 l Wasser und dem Zucker zum Kochen bringen. Die Gurken hineingeben, einmal aufkochen, dann etwa 24 Stunden im Sud ziehen lassen.

3. Die Gurken mit einem Schaumlöffel aus dem Essigsud heben. Den Dill waschen, trockenschütteln und in etwa 3 cm lange Stücke schneiden.

4. Die Gurken mit dem Dill, den Senfkörnern und den Lorbeerblättern in sterilisierte verschließbare Gläser füllen. Den Essigsud noch einmal aufkochen, dann lauwarm abkühlen lassen und über die Gurken gießen. Sie sollen ganz bedeckt sein. Die Gläser verschließen. Die Gurken mindestens 1 Woche ziehen lassen.

Süß-saure rote Beten

Zutaten für 4 Gläser von je etwa 600 ml Inhalt:
2 kg junge rote Beten
Meersalz
1 Bund Frühlingszwiebeln
3/4 l Rotweinessig
75 ml Cassis (Johannisbeerlikör; ersatzweise schwarzer Johannisbeersaft)
150 g Zucker
1 Eßl. Kümmelkörner
4 Lorbeerblätter

Braucht etwas Zeit

Pro Glas etwa:
1600 kJ/380 kcal
9 g Eiweiß · 0 g Fett
85 g Kohlenhydrate

- Zubereitungszeit: etwa 1 Stunde
- Haltbarkeit: 6–12 Monate

1. Die roten Beten gründlich unter fließendem Wasser abbürsten. Die Enden daranlassen, damit sie beim Kochen nicht zuviel Saft verlieren.

2. In einem Topf reichlich Wasser mit Salz zum Kochen bringen. Die roten Beten hineingeben und zugedeckt bei mittlerer Hitze in etwa 30 Minuten kochen. Sie sollen nicht zu weich werden.

3. Dann die roten Beten kalt abspülen und etwas abkühlen lassen. Die Frühlingszwiebeln putzen und gründlich waschen. Die dunkelgrünen Teile abschneiden. Die Zwiebeln je nach Größe ganz lassen oder einmal längs halbieren.

4. Den Rotweinessig mit dem Cassis oder dem Saft, 3/4 l Wasser, dem Zucker und den Frühlingszwiebeln erhitzen. Etwa 5 Minuten köcheln lassen.

5. Die roten Beten schälen und in etwa 1/2 cm dicke Scheiben schneiden. Die Frühlingszwiebeln aus dem Sud fischen und mit den roten Beten, dem Kümmel und den Lorbeerblättern in sterilisierte Gläser mit Twist-Off-Verschluß füllen. Den Sud angießen. Die roten Beten sollen ganz davon bedeckt sein. Die roten Beten verschließen und mindestens 1 Woche ziehen lassen.

Knoblauch mit Safran

Zutaten für 2 Gläser von je etwa 1/4 l Inhalt:
3 Knoblauchknollen (etwa 300 g)
1 Zimtstange
2 Döschen gemahlener Safran
12 schwarze Pfefferkörner
1 Teel. Meersalz
2 Eßl. Honig
2 Eßl. Weißweinessig
1/4 l trockener Weißwein

Raffiniert

Pro Glas etwa:
1200 kJ/290 kcal
9 g Eiweiß · 0 g Fett
54 g Kohlenhydrate

- Zubereitungszeit: etwa 25 Minuten
- Haltbarkeit: 4–6 Monate

1. Den Knoblauch in die einzelnen Zehen teilen und schälen. Die Zimtstange halbieren.

2. Den Zimt mit dem Safran, den Pfefferkörnern, dem Salz, dem Honig, dem Essig, dem Wein und etwa 100 ml Wasser in einem Topf zum Kochen bringen.

3. Die Knoblauchzehen hineingeben und zugedeckt etwa 3 Minuten im Sud kochen lassen. Dann gleich in sterilisierte Twist-Off-Gläser füllen und verschließen. Den Knoblauch mindestens 1 Woche ziehen lassen.

Im Bild vorne: Knoblauch mit Safran
Im Bild hinten: Süß-saure rote Beten

Sauerkraut

Sauerkraut sollten Sie gleich in einer größeren Menge zubereiten und nach dem Gären zum Teil einkochen, damit es länger haltbar bleibt. In erster Linie brauchen Sie dafür einen ausreichend großen Topf. Für die angegebene Menge muß er mindestens 10 l fassen.

Zutaten für einen Gärtopf:
10 kg feste Weißkohlköpfe
4 säuerliche Äpfel
10 Lorbeerblätter
3 Eßl. Wacholderbeeren
nach Belieben 1 Eßl. Kümmel
oder Senfkörner
100 g Meersalz

Preiswert
Braucht etwas Zeit

Pro 100 g etwa:
99 kJ/24 kcal
1 1/2 g Eiweiß · 0 g Fett
5 g Kohlenhydrate

- Zubereitungszeit: etwa 1 1/2 Stunden
- Gärzeit: etwa 4 Wochen
- Haltbarkeit: 6–12 Monate

1. Vom Kohl die äußeren Blätter ablösen. Einige schöne Blätter zum Abdecken des Topfes beiseite legen. Den restlichen Kohl vierteln, vom Strunk befreien und in feine Streifen hobeln. Die Äpfel schälen, vierteln, vom Kerngehäuse befreien und in schmale Schnitze schneiden.

2. Etwa 2 cm hoch gehobeltes Kraut in einen sauberen Gärtopf geben und mit den Fäusten oder einem Holzstampfer so lange stampfen, bis Saft austritt. Einige Apfelschnitze, etwas Salz und einen Teil der Gewürze untermischen. Eine weitere Schicht Kraut auflegen und wieder gründlich stampfen. Auf diese Art alle Zutaten in den Topf schichten. Es soll dabei so viel Saft austreten, daß die Zutaten im Topf davon bedeckt sind.

3. Die zurückgelegten Kohlblätter waschen und auf den gehobelten Kohl legen. Einen Deckel oder einen Teller auflegen. Mit einem wassergefüllten Topf beziehungsweise dem Beschwerungsstein des Topfes beschweren.

4. Den Kohl bei Zimmertemperatur (etwa 20 °) 2–3 Tage stehenlassen, bis sich Schaum gebildet hat. Den Schaum abschöpfen. Dann das Kraut für etwa 4 Wochen an einen kühlen Ort stellen (etwa 15 °). Nach einer Woche den Schaum abschöpfen. Ab dann jeden zweiten Tag den Deckel abnehmen und den Schaum abschöpfen. Das Sauerkraut ist fertig, wenn sich kein Schaum mehr bildet. Das dauert etwa 4 Wochen.

5. Das Sauerkraut im Gärtopf aufbewahren oder in Schraubgläser füllen. Es hält sich dann bis zu 6 Monaten. Wenn Sie es in Einkochgläser mit Gummiring füllen, mit Klammern verschließen und in Wasser etwa 20 Minuten sterilisieren, ist es mindestens 1 Jahr haltbar. Lesen Sie dazu auch Seite 7 über das Sterilisieren in heißem Wasser.

Varianten:
Statt Weißkohl können Sie auf diese Art auch Rotkohl, Möhren, rote Beten, Kürbis oder Paprikaschoten zubereiten.

Tip!

Sie können auch kleinere Mengen Sauerkraut zubereiten, dann gelingt es aber nicht so leicht, weil sich weniger Saft bildet.

Das vitaminreiche Sauerkraut schmeckt nicht nur hervorragend, es ist auch ein kalorienarmer Schlankmacher, der zudem fette Gerichte bekömmlicher macht.

Pilze mit Balsamico

Zutaten für 2 Gläser von je etwa 3/4 l Inhalt:
1 kg Champignons oder Egerlinge
4 Knoblauchzehen
4 Lorbeerblätter
4 Zweige frischer Rosmarin
1 Bund Basilikum
100 ml Aceto balsamico
1 Teel. Meersalz
4 Eßl. Olivenöl
1 Eßl. Kapern
nach Wunsch 4 getrocknete Chilischoten

Raffiniert

Pro Glas etwa:
340 kJ/81 kcal
7 g Eiweiß · 5 g Fett
3 g Kohlenhydrate

- Zubereitungszeit: etwa 40 Minuten
- Haltbarkeit: 3–4 Wochen

1. Die Pilze putzen, das heißt, die Stielenden abschneiden. Die Pilze nicht waschen, sondern mit Küchenpapier sauber abreiben oder mit einem speziellen Pinsel reinigen.

2. Die Knoblauchzehen schälen. Die Kräuter waschen und trockentupfen.

3. Den Knoblauch und die ganzen Kräuter mit dem Aceto balsamico, etwa 400 ml Wasser, Salz und dem Olivenöl in einen Topf geben und zum Kochen bringen. Die Pilze hineingeben und zugedeckt etwa 3 Minuten darin kochen lassen. Dabei die Pilze ein- bis zweimal gründlich umrühren.

4. Die Pilze mit einem Schaumlöffel herausfischen und in sterilisierte Gläser füllen. Die Kapern, die Kräuter und nach Wunsch die ganzen Chilischoten hinzufügen.

5. Den Sud noch einmal aufkochen, dann über die Pilze gießen. Die Gläser verschließen und die Pilze etwa 2 Tage durchziehen lassen.

Scharfer Kürbis mit Minze

Zutaten für etwa 6 Gläser von je etwa 1/2 l Inhalt:
1 1/2 kg Kürbis
3/4 l Weißweinessig
2 1/2 Eßl. Meersalz
250 g Zucker
4 kleine getrocknete Chilischoten
20 frische Pfefferminzblätter

Gelingt leicht

Pro Glas etwa:
940 kJ/220 kcal
2 g Eiweiß · 0 g Fett
52 g Kohlenhydrate

- Zubereitungszeit: etwa 30 Minuten
- Ruhezeit: 1 Tag
- Haltbarkeit: 6–12 Monate

1. Den Kürbis schälen und von den Kernen und dem weichen Fruchtfleisch im Inneren befreien, dann in etwa 5 cm lange, 2 cm breite und 2 cm dicke Stücke schneiden.

2. Den Essig mit 1/4 l Wasser, dem Salz, dem Zucker und den ganzen Chilischoten in einem Topf mischen und zum Kochen bringen.

3. Inzwischen die Pfefferminzblätter waschen und von den Stielen zupfen.

4. Den Sud erkalten lassen und über die Kürbisstücke gießen. Die Pfefferminzblätter untermischen. Den Kürbis zugedeckt etwa 24 Stunden ziehen lassen.

5. Den Kürbis dann im Sud zum Kochen bringen, etwa 2 Minuten kochen lassen und heiß in verschließbare Gläser füllen. Die Gläser gleich verschließen, den Kürbis mindestens 1 Woche ziehen lassen.

Bild oben: Pilze mit Balsamico
Bild unten: Scharfer Kürbis mit Minze

Gemischte Gemüse auf englische Art

Die Gemüse werden in einem kräftig gewürzten gelblichen Sud gekocht und eingelegt. Obwohl aus England stammend, ist der indische Einfluß bei diesem Rezept unverkennbar.

Zutaten für 6 Gläser von je etwa 1/2 l Inhalt:

- *1 kleine Salatgurke (etwa 300 g)*
- *1 kleiner Blumenkohl (etwa 800 g)*
- *250 g Stangensellerie*
- *500 g grüne Bohnen*
- *2 rote Paprikaschoten (etwa 400 g)*
- *250 g Schalotten oder Perlzwiebeln*
- *500 g Kürbisfleisch, geputzt gewogen*
- *300 g Meersalz*
- *1 walnußgroßes Stück Ingwer*
- *1 1/4 l Weißweinessig*
- *200 g Zucker*
- *1 Eßl. gemahlener Kurkuma*
- *2 Eßl. Senfpulver*
- *je 2 Teel. gemahlener Koriander und Kreuzkümmel*
- *1 gehäufter Eßl. Speisestärke*

Braucht etwas Zeit

Pro Glas etwa:
1300 kJ/310 kcal
8 g Eiweiß · 1 g Fett
59 g Kohlenhydrate

- Zubereitungszeit: etwa 1 1/2 Stunden
- Ruhezeit: 1 Tag
- Haltbarkeit: etwa 6 Monate

1. Die Gurke schälen, längs halbieren und die Kerne herauskratzen. Die Gurkenhälften in kleine Stücke schneiden. Den Blumenkohl waschen, putzen und die einzelnen Röschen teilen. Den Sellerie waschen, von den harten Fasern befreien und in etwa 2 cm lange Stücke schneiden. Die Bohnen waschen, von den Fäden befreien und ebenfalls in etwa 2 cm lange Stücke schneiden. Die Paprikaschoten waschen und halbieren. Stielansätze sowie Trennwände mit Kernen entfernen und die Schotenhälften in etwa 2 × 2 cm große Würfel schneiden. Die Schalotten oder die Perlzwiebeln schälen und eventuell halbieren. Den Kürbis schälen, von den Kernen befreien und in etwa 2 × 2 cm große Würfel schneiden.

2. Alle Gemüsesorten in eine große Schüssel geben, mit dem Salz mischen. Einen Teller darüber legen und mit einem Gewicht beschweren. Das Gemüse etwa 1 Tag ziehen lassen.

3. Das Gemüse am nächsten Tag in einem Sieb sehr gründlich kalt abspülen und gut abtropfen lassen.

4. Den Ingwer schälen und durch die Knoblauchpresse in einen großen Kochtopf pressen. Den Essig, 3/4 l Wasser, den Zucker und alle Gewürze hinzufügen. Das Gemüse untermischen und die Masse zum Kochen bringen. Das Gemüse zugedeckt etwa 7 Minuten köcheln lassen, bis es gerade noch bißfest ist.

5. Das Gemüse mit einem Schaumlöffel aus dem Sud heben und in sterilisierte Gläser verteilen.

6. Die Speisestärke mit wenig kaltem Wasser anrühren. Den Kochsud noch einmal erhitzen, die Speisestärke einrühren. Die Sauce unter Rühren etwa 3 Minuten köcheln lassen, bis sie etwas dicklich wird. Dann über das Gemüse füllen. Die Gläser sofort verschließen. Mindestens 4 Wochen durchziehen lassen.

Tip!

Dieses Gemüse schmeckt besonders gut zu Geflügel oder Lammfleisch sowie als Beilage zu indischen Reisgerichten.

Farbig, vitaminreich und lecker – gemischte Gemüse auf englische Art sind eine vielfältige Beilage.

Marinierte Paprikaschoten

Zutaten für 4 Gläser von je etwa 1/4 l Inhalt:
2 1/2 kg rote und gelbe Paprikaschoten, gemischt
1/4 l Weißweinessig
1 Teel. Meersalz
8 Knoblauchzehen
4 Zweige frischer Rosmarin
4 Lorbeerblätter
etwa 600 ml gutes Olivenöl

Raffiniert

Pro Glas etwa:
3400 kJ/810 kcal
8 g Eiweiß · 77 g Fett
21 g Kohlenhydrate

- Zubereitungszeit: etwa 2 Stunden
- Haltbarkeit: 3–6 Monate

1. Den Backofen auf 240° vorheizen. Die Paprikaschoten waschen und auf ein Backblech legen. Die Paprikaschoten im heißen Ofen (Mitte) etwa 20 Minuten backen (Gas Stufe 5), bis die Haut Blasen wirft und gebräunt ist. Die Schoten dabei ein- bis zweimal wenden.

2. Die Schoten aus dem Ofen nehmen, mit einem feuchten Tuch abdecken und kurz ruhen lassen. Die Schoten dann längs vierteln, vom Stielansatz sowie den Trennwänden mit allen Kernen befreien. Die Haut abziehen.

3. Wenn alle Schoten gehäutet sind, in einem Topf den Essig mit 1/2 l Wasser und Salz zum Kochen bringen. Die Knoblauchzehen schälen. In den Sud geben und etwa 1/2 Minute kochen lassen. Herausheben. Die Paprikaschoten und die gewaschenen Kräuter portionsweise ebenfalls etwa 1/2 Minute im Sud kochen lassen.

4. Die Schoten und die Kräuter jeweils aus dem Sud nehmen und auf sauberen Küchentüchern gründlich abtropfen lassen. Die Zutaten zusätzlich mit einem weiteren Tuch trockentupfen.

5. Die Paprikaviertel mit je 1 Zweig Rosmarin, 1 Lorbeerblatt und 2 Knoblauchzehen in vorbereitete Gläser füllen. Mit so viel Öl aufgießen, daß die Schoten ganz davon bedeckt sind. Die Schoten mindestens 5 Tage ziehen lassen.

Zucchini in Öl

Zutaten für 4 Gläser von je etwa 650 ml Inhalt:
2 kg junge Zucchini
1/2 l Weißweinessig
1 Eßl. Meersalz
50 g Zucker
2 frische rote Pfefferschoten
etwa 900 ml Olivenöl

Gelingt leicht

Pro Glas etwa:
4900 kJ/1200 kcal
8 g Eiweiß · 110 g Fett
24 g Kohlenhydrate

- Zubereitungszeit: etwa 1 1/2 Stunden
- Haltbarkeit: 3–6 Monate

1. Die Zucchini von den Stiel- und Blütenansätzen befreien und waschen. Die Zucchini dann längs vierteln und in etwa 2 cm lange Stücke schneiden.

2. Den Essig mit 1 l Wasser, dem Salz und dem Zucker in einem Topf zum Kochen bringen. Die Zucchinistücke hineingeben, erneut aufkochen und etwa 2 Minuten kochen lassen. Die Zucchini dann mit einem Schaumlöffel herausheben, auf ein Tuch geben und abkühlen lassen.

3. Die Pfefferschoten waschen, vom Stielansatz befreien und längs halbieren. Die Kerne gründlich entfernen und die Schotenhälften noch einmal kalt abspülen. Dann sehr gründlich trockentupfen. Mit den Händen dabei nicht in die Augen kommen.

4. Die Zucchinistücke mit je 1 Pfefferschotenhälfte in vorbereitete Gläser füllen und mit so viel Öl aufgießen, daß sie davon bedeckt sind. Gut verschließen und vor dem Öffnen mindestens 1 Woche durchziehen lassen.

Im Bild vorne: Marinierte Paprikaschoten
Im Bild hinten: Zucchini in Öl

Auberginen mit Sellerie

Zutaten für 2 Gläser von je etwa 1/2 l Inhalt:
1 kg Auberginen
etwa 1 Eßl. Meersalz
300 g Stangensellerie
1/2 l Rotweinessig
4 frische rote Pfefferschoten
1 großes Bund Basilikum
2 Eßl. Kapern
1 Teel. Fenchelsamen
etwa 600 ml Olivenöl

Braucht etwas Zeit

Pro Glas etwa:
6200 kJ/1500 kcal
8 g Eiweiß · 150 g Fett
16 g Kohlenhydrate

- Zubereitungszeit: etwa 1 Stunde
- Ruhezeit: etwa 8 Stunden
- Haltbarkeit: 3–4 Monate

1. Die Auberginen waschen, abtrocknen und von den Stiel- und Blütenansätzen befreien. Die Auberginen quer in etwa 1 cm dicke Scheiben schneiden.

2. Die Auberginenscheiben von beiden Seiten mit Salz bestreuen, in eine Schüssel geben und zugedeckt etwa 8 Stunden Saft ziehen lassen.

3. Dann eine Lage Auberginen auf ein Küchentuch legen, mit einem weiteren Küchentuch bedecken und sehr gut trockentupfen. Auf diese Weise alle Auberginenscheiben nacheinander trocknen.

4. Den Sellerie waschen, in die einzelnen Stangen teilen und die harten Fasern abziehen. Den Sellerie trockentupfen und in feine Scheiben schneiden.

5. Den Essig mit 3/8 l Wasser in einem Topf zum Kochen bringen. Die Auberginenscheiben darin portionsweise etwa 2 Minuten kochen lassen, jeweils herausnehmen und noch einmal sehr gut trockentupfen. Zum Schluß den Sellerie etwa 4 Minuten im Essigsud kochen, abtropfen lassen und gründlich trockentupfen.

6. Die Pfefferschoten von den Stielansätzen befreien und längs aufschlitzen. Die Kerne mit den Trennwänden mit einem Messer herauskratzen. Die Schoten gut kalt abspülen, trockentupfen und in feine Streifen schneiden. Danach keinesfalls mit den Händen in die Augen kommen. Das Basilikum waschen, die Blättchen abzupfen und sehr sorgfältig trockentupfen.

7. Eine Lage Auberginen in sterilisierte Gläser füllen. Mit einem Teil von Sellerie, Pfefferschotenstreifen, Basilikum, Kapern und Fenchelsamen bestreuen und wieder mit Auberginenscheiben abdecken. Jeweils etwas festdrücken.

8. Auf diese Art alle Zutaten in die Gläser füllen. Zum Schluß so viel Öl angießen, daß die Auberginen ganz davon bedeckt sind. Die Gläser verschließen und die Auberginen etwa 1 Woche durchziehen lassen. Kühl aufbewahren.

Variante:
Eine nicht ganz preiswerte, aber sehr delikate »Konserve« sind Artischocken in Öl. Sie brauchen dafür die kleinen, schlanken Artischocken, die es in den Wintermonaten auf gut sortierten Märkten und in Gemüsegeschäften zu kaufen gibt. Die Artischocken werden dazu gründlich gewaschen. Den Stiel und die äußeren Blätter ablösen, die Blattspitzen der übrigen Blätter großzügig abschneiden. Die Artischocken in einer Mischung aus Weißweinessig und Weißwein (im Verhältnis 2 : 1) 15–20 Minuten kochen, bis sie weich sind. Dann abtropfen und abkühlen lassen, längs vierteln oder halbieren und in sterilisierte Gläser füllen. Lorbeerblätter und Rosmarinzweige in die Gläser geben und alles mit bestem Olivenöl auffüllen.

Auberginen und Sellerie gehen, in eine würzige Marinade eingelegt, eine ungewöhnliche und pikante Kombination ein.

Lauch in Honigmarinade

Zutaten für 4 Gläser von je
etwa 300 ml Inhalt:
2 kg Lauch (Stangen nicht zu
dick; geputzt etwa 900 g)
150 g Honig
400 ml Apfel- oder Cidreessig
2 Lorbeerblätter
6 Wacholderbeeren
2 getrocknete Chilischoten
1 Teel. Meersalz

Raffiniert

Pro Glas etwa:
790 kJ/190 kcal
4 g Eiweiß · 0 g Fett
39 g Kohlenhydrate

- Zubereitungszeit: etwa 45 Minuten
- Ruhezeit: etwa 12 Stunden
- Haltbarkeit: etwa 6 Monate

1. Den Lauch putzen, sehr gründlich waschen und in etwa 2 cm große Stücke schneiden. Dabei auch die hellgrünen Teile mitverwenden.

2. Den Honig mit dem Essig, 1/4 l Wasser, den Gewürzen und Salz in einen Topf geben und zum Kochen bringen. Die Lauchstücke in eine Porzellanschüssel geben, mit der Marinade mischen und über Nacht oder 12 Stunden darin ziehen lassen.

3. Am nächsten Tag den Lauch in der Marinade zum Kochen bringen und etwa 5 Minuten garen.

4. Dann heiß in Gläser füllen und sofort verschließen. Den Lauch vor dem Öffnen mindestens 2 Wochen durchziehen lassen.

Varianten:
Statt Lauch können Sie auch Kürbis, Möhren oder Kohlrabi verwenden.

Chinakohl chinesisch

Zutaten für 4 Gläser von je
etwa 600 ml Inhalt:
etwa 1 kg Chinakohl
3 Eßl. Salz
3 Eßl. Reiswein (ersatzweise
trockener Sherry)
2 Eßl. Reisschnaps (ersatzweise
beliebiger Branntwein)
12 getrocknete Chilischoten
3 Teel. Sichuan-Pfefferkörner
(ersatzweise weiße Pfefferkörner)
4 Sternanis

Gelingt leicht

Pro Glas etwa:
100 kJ/24 kcal
3 g Eiweiß · 0 g Fett
3 g Kohlenhydrate

- Zubereitungszeit: etwa 30 Minuten
- Haltbarkeit: etwa 2 Monate

1. Den Chinakohl in die einzelnen Blätter teilen, waschen, von allen welken Stellen befreien und sehr gründlich trockentupfen. In etwa 2 cm große Stücke schneiden.

2. Das Salz mit 1 1/2 l Wasser in einen Topf geben und zum Kochen bringen, bis sich das Salz gelöst hat. Einmal aufkochen, dann mit dem Reiswein und dem Schnaps mischen.

3. Die Chilischoten in Stücke schneiden, danach keinesfalls mit den Händen an die Augen kommen. Die Chilistücke mit dem Sichuanpfeffer, dem Anis und dem Chinakohl in sterilisierte, verschließbare Gläser schichten. Mit der Marinade begießen und verschließen. Mindestens 1 Woche durchziehen lassen.

Tip!
In China wird dieses scharfe Gemüse fast bei jeder Mahlzeit serviert. Wer es nicht so scharf mag, nimmt einfach weniger Chili.

Im Bild vorne:
Chinakohl chinesisch
Im Bild hinten:
Lauch in Honigmarinade

Möhren mit Kapern in Öl

Bei allen in Öl eingelegten Gemüsesorten bleibt zum Schluß relativ viel Öl im Glas zurück, wenn Sie das Gemüse aufgegessen haben. Dieses Öl sollten Sie keinesfalls wegwerfen, denn es schmeckt durch das Gemüse sogar noch aromatischer. Gießen Sie das Öl durch ein Sieb in ein sauberes Schraubglas, es hält sich dann noch mehrere Monate. Besonders gut eignet sich das Öl für die Zubereitung von Salatdressings.

Zutaten für 4 Gläser von je etwa 650 ml Inhalt:
2 kg junge Möhren
3 unbehandelte Orangen
1/2 l Weißweinessig
1 Eßl. Meersalz
50 g Zucker
20 g Kapern
etwa 800 ml Sonnenblumen- oder Olivenöl

Schnell

Pro Glas etwa:
4700 kJ/1100 kcal
6 g Eiweiß · 100 g Fett
48 g Kohlenhydrate

- Zubereitungszeit: etwa 1 Stunde
- Haltbarkeit: 3–6 Monate

1. Die Möhren putzen, schälen und in etwa 1 cm dicke Scheiben schneiden. Die Orangen heiß waschen, abtrocknen und die Schale dünn abschälen.

2. Den Essig mit 1 l Wasser, dem Salz und dem Zucker in einem Topf zum Kochen bringen. Die Möhrenstücke und die Orangenschale hineingeben und etwa 1 Minute darin kochen lassen. Dann vom Herd nehmen und im Essigsud etwa 10 Minuten ziehen lassen.

3. Die Möhren und die Orangenschale aus dem Sud heben und auf sauberen Küchentüchern ausbreiten. Sehr gründlich trocknen, dann mit den Kapern in sterilisierte Gläser füllen. So viel Öl angießen, daß die Möhren ganz bedeckt sind. Die Gläser verschließen und mindestens 1 Woche durchziehen lassen.

Tip!

Bei Ihrer nächsten Italien-Reise sollten Sie sich unbedingt nach getrockneten Tomaten umschauen, die sich wunderbar einlegen lassen und dann wesentlich besser schmecken als die, die man fertig eingelegt für viel Geld zu kaufen bekommt. Die Tomaten dafür 1–2 Stunden in eine Mischung aus Wasser und Rotweinessig (im Verhältnis 3 : 1) legen, bis sie weich sind. Dann auf Küchentüchern ausbreiten und trockentupfen. Knoblauch schälen und in Scheiben schneiden. Basilikum oder Petersilie waschen, von den groben Stielen befreien, trockentupfen und hacken. Die Tomaten lagenweise mit Knoblauch, Kräutern und nach Wunsch einigen Kapern in sterilisierte Gläser füllen. Dann so viel Olivenöl angießen, daß sie davon bedeckt sind.

Möhren einmal anders – mit Kapern und Orangenschale ergeben sie eine herb-süße Vorspeise oder ergänzen ein Buffet.

Pesto

Zutaten für 2 Gläser von je etwa 150 ml Inhalt:
4 große Bund Basilikum
2–3 Knoblauchzehen
100 g Pinienkerne
50 g Parmesan, frisch gerieben
etwa 100 ml Olivenöl, kaltgepreßt
Meersalz

Spezialität aus Ligurien

Pro Glas etwa:
2800 kJ/670 kcal
16 g Eiweiß · 61 g Fett
12 g Kohlenhydrate

- Zubereitungszeit: etwa 20 Minuten
- Haltbarkeit: 3–4 Wochen

1. Das Basilikum waschen, trockenschütteln und von den sehr dicken Stielen befreien. Den Knoblauch schälen und grob hacken. Die Pinienkerne ebenfalls grob zerkleinern.

2. Das Basilikum mit dem Knoblauch und den Pinienkernen im Mörser oder im Mixer gründlich zerkleinern.

3. Erst den Käse, dann nach und nach das Öl untermischen. Die Masse soll schön sämig sein. Den Pesto mit Salz abschmecken und in gut gesäuberte, verschließbare Gläser füllen. Mit einer Schicht Öl bedecken und im Kühlschrank aufbewahren.

Salbei in Öl

Das Einlegen von frischen Kräutern in Öl ist eine schmackhafte Methode, bei der man zusätzlich ein ausgesprochen aromatisches Öl erhält. Nach Wunsch können Sie die Kräuter vorher auch etwas hacken. Wichtig ist, daß die Kräuter sehr gut trockengetupft werden.

Zutaten für 1 Glas von etwa 250 ml Inhalt:
etwa 100 schöne Salbeiblätter (etwa 30 g)
etwa 200 ml Olivenöl

Gelingt leicht

Etwa:
3800 kJ/900 kcal
0 g Eiweiß · 100 g Fett
0 g Kohlenhydrate

- Zubereitungszeit: etwa 15 Minuten
- Haltbarkeit: 3–6 Monate

1. Die Salbeiblätter waschen und sehr gründlich trockentupfen. Die Blätter dann in gut gesäuberte, verschließbare Gläser schichten und mit so viel Olivenöl aufgießen, daß sie ganz davon bedeckt sind. Die Gläser verschließen und den Salbei mindestens 1 Woche ziehen lassen.

2. Der Salbei schmeckt sehr gut auf Pizza und ist, zusammen mit dem Öl, ideal, um zarte Schnitzel darin kurz zu braten. Außerdem paßt er, ebenfalls mit Öl, gut zu allen pikanten Nudelgerichten.

Schwarze Olivencreme

Zutaten für 2 Gläser von je etwa 200 ml Inhalt:
300 g entsteinte schwarze Oliven
100 g Kapern
2–3 Knoblauchzehen
schwarzer Pfeffer, frisch gemahlen
etwa 100 ml Olivenöl, kaltgepreßt

Spezialität aus der Provence

Pro Glas etwa:
1000 kJ/240 kcal
0 g Eiweiß · 25 g Fett
2 g Kohlenhydrate

- Zubereitungszeit: etwa 30 Minuten
- Haltbarkeit: 3–4 Wochen

1. Die Oliven grob zerkleinern. Die Kapern abtropfen lassen. Die Knoblauchzehen schälen.

2. Die Oliven mit den Kapern und dem Knoblauch im Mixer fein pürieren. Mit Pfeffer abschmecken und etwa 80 ml Olivenöl untermischen.

3. Die Olivencreme in gut gesäuberte, verschließbare Gläser füllen und glattstreichen. Mit einer Schicht Olivenöl bedecken. Die Olivencreme im Kühlschrank aufbewahren.

Im Bild von vorne nach hinten: Pesto, schwarze Olivencreme, Salbei in Öl

1 LITER

Tomatensauce

Zutaten für 4 Gläser von je etwa 1/2 l Inhalt:
2 kg reife Tomaten
2 Möhren
4 Stangen Staudensellerie
4 Knoblauchzehen
1 Bund frischer Rosmarin
1 Bund Basilikum
etwa 6 Eßl. Olivenöl
Meersalz
weißer Pfeffer, frisch gemahlen
1 Eßl. Zucker

Gelingt leicht

Pro Glas etwa:
930 kJ/220 kcal
6 g Eiweiß · 13 g Fett
22 g Kohlenhydrate

- Zubereitungszeit: etwa 1 Stunde
- Haltbarkeit: etwa 3 Monate

1. Die Tomaten kreuzweise einschneiden und mit kochendem Wasser überbrühen. Dann abschrecken und die Haut abziehen und die Tomaten vierteln.

2. Die Möhren, den Sellerie und den Knoblauch putzen beziehungsweise schälen und fein zerkleinern. Die Kräuter waschen, von den groben Stielen befreien und fein hacken.

3. In einem großen Topf 4 Eßlöffel Öl erhitzen. Das Gemüse und den Knoblauch darin andünsten, es soll dabei nur ganz leicht Farbe nehmen, aber nicht braun werden.

4. Die Tomaten und die Kräuter dazugeben. Die Sauce mit Salz, Pfeffer und dem Zucker würzen und bei mittlerer Hitze etwa 1 Stunde zugedeckt garen, bis sie musig ist.

5. Das Gemüse in der Tomatensauce mit einem Kartoffelstampfer zerdrücken oder passieren. Die Sauce noch einmal aufkochen, dann in sterilisierte Gläser mit Twist-Off-Verschluß füllen, mit je 1/2 Eßlöffel Olivenöl begießen und sofort verschließen.

Tip!

Wenn Sie die Tomatensauce länger lagern möchten, sollten Sie sie zusätzlich etwa 15 Minuten sterilisieren. Lesen Sie dazu Seite 7. Das gleiche gilt für den Ketchup.

Tomatenketchup

Zutaten für 2 Flaschen von je etwa 1/2 l Inhalt:
1 kg vollreife Tomaten
2 Zwiebeln
2 Knoblauchzehen
1 Stück frischer Ingwer (etwa 3 cm)
2 Eßl. Sonnenblumenöl
1/4 l Rotweinessig
2 Eßl. Zucker
10 weiße Pfefferkörner
1 Teel. Senfkörner
3 Gewürznelken
4 Wacholderbeeren
Meersalz

Preiswert

Pro Flasche etwa:
980 kJ/230 kcal
6 g Eiweiß · 9 g Fett
32 g Kohlenhydrate

- Zubereitungszeit: etwa 1 Stunde
- Haltbarkeit: etwa 6 Monate

1. Die Tomaten mit kochendem Wasser überbrühen, kurz darin ziehen lassen, kalt abschrecken und häuten. Die Tomaten in kleine Würfel schneiden, dabei die Stielansätze entfernen. Die Zwiebeln und den Knoblauch schälen und sehr fein hacken. Den Ingwer schälen und grob zerkleinern.

2. Das Öl in einem Topf erhitzen. Die Zwiebeln, den Knoblauch und den Ingwer darin glasig dünsten. Die Tomaten hinzufügen und kurz anschmoren.

3. Den Essig, den Zucker und die Gewürze hinzufügen und alles offen bei mittlerer Hitze etwa 40 Minuten kochen lassen, bis ein dickflüssiger Brei entstanden ist.

4. Das Mus durch ein feines Sieb drücken. Noch einmal in den Topf geben, mit etwa 1/2 Teelöffel Salz abschmecken und noch einmal aufkochen. In die gut gesäuberten Flaschen füllen, mit einem dünnen Ölfilm bedecken und sofort verschließen.

Im Bild vorne: Tomatensauce
Im Bild hinten: Tomatenketchup

Knoblauchmus

Das Mus schmeckt gut zu gegrilltem Fleisch, Fisch und Gemüse, aber auch auf geröstetem Brot ist es ganz ausgezeichnet. Schneiden Sie beispielsweise Weißbrot in Scheiben, bestreichen es mit Knoblauchmus und schieben es auf dem Backblech so lange in den heißen Backofen, bis es knusprig ist. Das dauert etwa 10 Minuten.

Zutaten für 2 Gläser von je etwa 200 ml Inhalt:
6 Knoblauchknollen (etwa 600 g)
einige Zweige frischer Thymian
etwa 4 Eßl. Olivenöl
2 Eßl. Zitronensaft
Meersalz

Gelingt leicht

Pro Glas etwa:
2000 kJ/480 kcal
17 g Eiweiß · 12 g Fett
76 g Kohlenhydrate

- Zubereitungszeit: etwa 1 1/2 Stunden
- Haltbarkeit: 3–4 Wochen

1. Den Backofen auf 200° vorheizen. Die Knoblauchzehen voneinander lösen und in eine feuerfeste Form geben. Den Knoblauch im heißen Ofen (Mitte) 50–60 Minuten sehr weich backen (Gas: Stufe 3).

2. Die Knoblauchzehen etwas abkühlen lassen, dann aus den Häuten lösen und sehr fein zermusen. Das geht am besten mit dem Pürierstab.

3. Den Thymian waschen, sehr gut trockentupfen und die Blättchen von den Stielen streifen. Noch einmal abtrocknen, dann mit 2 Eßlöffeln Öl und dem Zitronensaft unter das Knoblauchpüree mischen.

4. Das Mus mit Salz abschmekken und in gut gesäuberte, verschließbare Gläser füllen. Mit einer dünnen Ölschicht bedekken und im Kühlschrank aufbewahren.

Rote Meerrettich-creme

Durch pürierte rote Beten bekommt der Meerrettich eine hübsche Farbe, muß also nicht geschwefelt werden. Zudem mildert die rote Bete einen Teil der Schärfe und gibt eine leicht süßliche Note. Die Creme schmeckt nicht nur als Beilage oder Würze von Fleisch, Fisch und Gemüse, sondern auch als pikanter Brotaufstrich.

Zutaten für 4 Gläser von je etwa 150 ml Inhalt:
1 rote Bete (etwa 250 g)
1–2 Stangen Meerrettich (etwa 250 g)
etwa 2 Eßl. Zucker
1/8 l Weißweinessig

Preiswert

Pro Glas etwa:
350 kJ/83 kcal
3 g Eiweiß · 0 g Fett
17 g Kohlenhydrate

- Zubereitungszeit: etwa 1 1/4 Stunden
- Haltbarkeit: etwa 6 Monate

1. Die rote Bete gründlich waschen und in einem Topf mit Wasser zum Kochen bringen. Die rote Bete zugedeckt bei mittlerer Hitze etwa 40 Minuten garen, bis sie sehr weich ist.

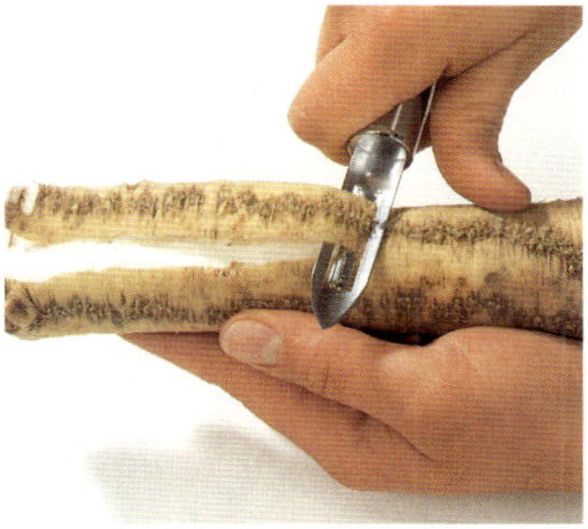

2. Dann kalt abschrecken und abtropfen lassen. Den Meerrettich schälen und in kleine Würfel schneiden. Die rote Bete ebenfalls schälen und würfeln.

3. Beides im Mixer fein zerkleinern. Den Zucker und den Essig dazugeben und noch einmal durchmixen. Wenn Sie den Mixer öffnen, schauen Sie nicht direkt hinein, denn die scharfen Dämpfe brennen in den Augen.

4. Die Paste eventuell noch mit etwas Zucker und/oder Essig abschmecken und in sterilisierte Schraubgläser füllen. Dann im Kühlschrank aufbewahren.

Brombeeressig

Statt Brombeeren können Sie auch einmal Himbeeren oder schwarze Johannisbeeren versuchen. Früchteessig rundet den Geschmack leichter Salatsaucen ab und gibt ihnen eine besonders feine Note.

Zutaten für 2 Flaschen von je etwa 1/2 l Inhalt:
500 g Brombeeren
750 ml guter Weißweinessig

Raffiniert

Pro Flasche etwa:
880 kJ/210 kcal
3 g Eiweiß · 2 g Fett
24 g Kohlenhydrate

- Zubereitungszeit: etwa 15 Minuten
- Ruhezeit: etwa 2 Wochen
- Haltbarkeit: 1–2 Jahre

1. Die Brombeeren verlesen und eventuell vorsichtig waschen. Dann sehr gründlich trockentupfen und in ein sehr gut gesäubertes, verschließbares Gefäß geben. Mit dem Essig auffüllen und verschließen.

2. Die Mischung etwa 2 Wochen an einem kühlen Platz stehenlassen, bis der Essig eine violette Farbe bekommen hat.

3. Die Mischung dann durch ein ausgekochtes Mulltuch gießen, die Brombeeren dabei gut ausdrücken.

4. Den Essig in sterilisierte Flaschen füllen und dunkel lagern.

Tip!

Um Essig selbst herzustellen, genügt es im Prinzip, Wein in eine Flasche mit weitem Hals zu füllen, mit einem luftdurchlässigen Tuch abzudecken, damit kein Ungeziefer in die Flasche kommen kann, und an einen warmen, möglichst sonnigen Platz zu stellen. Bis der Wein allerdings sauer wird – durch Bakterien, die in der Luft vorhanden sind –, können schon einige Monate ins Land ziehen. Schneller und zuverlässiger geht es, wenn Sie Wein mit Weinessig mischen (3/4 l Wein mit etwa 200 ml gutem Essig). Dann dauert es nur etwa 1 Monat. Die Flasche abdecken und an die Sonne stellen. Wenn Sie selbstgemachten Essig zum Einlegen verwenden möchten, sollten Sie den Säuregehalt testen. Das geht am besten mit Lackmuspapier, das Sie in Apotheken kaufen können. Der Essig muß mindestens 4% Säure haben.

Basilikumessig

Zutaten für 2 Flaschen von je etwa 1/2 l Inhalt:
60 g Basilikumblätter
1 l guter Weißweinessig

Gelingt leicht

Pro Flasche etwa:
250 kJ/60 kcal
0 g Eiweiß · 0 g Fett
4 g Kohlenhydrate

- Zubereitungszeit: etwa 10 Minuten
- Ruhezeit: etwa 2 Wochen
- Haltbarkeit: 1–2 Jahre

1. Die Basilikumblätter waschen und sehr gründlich trockentupfen. Dann in ein sehr sauberes, verschließbares Gefäß geben und mit dem Essig auffüllen.

2. Den Essig verschlossen an einem kühlen Ort etwa 2 Wochen ziehen lassen. Dann durch ein abgekochtes Mulltuch gießen und in sterilisierte Flaschen füllen.

3. Nach Wunsch einige frische, sehr gut abgetrocknete Blätter mit in die Flaschen geben.

Im Bild vorne: Brombeeressig
Im Bild hinten: Basilikumessig

Kräuteröl

Zutaten für 1 Flasche von etwa
1/4 l Inhalt:
1/2 Bund Basilikum
1 Zweig frischer Rosmarin
1 Lorbeerblatt
etwa 220 ml Olivenöl, kaltgepreßt

Gelingt leicht

Etwa:
8300 kJ/ 2000 kcal
0 g Eiweiß · 220 g Fett
0 g Kohlenhydrate

- Zubereitungszeit: etwa 10 Minuten
- Ruhezeit: etwa 2 Wochen
- Haltbarkeit: 1–2 Jahre

1. Die Kräuter waschen und sehr gut trockentupfen. In ein verschließbares Gefäß geben.

2. Das Öl angießen und das Gefäß verschließen. Das Öl etwa 2 Wochen ziehen lassen, dann die Kräuter herausnehmen und das Öl eventuell durch ein Sieb gießen. In eine dunkle Flasche füllen und gut verschließen.

Steinpilzöl

Zutaten für 1 Flasche von etwa
300 ml Inhalt:
1 Päckchen getrocknete
Steinpilze (20 g)
1 Knoblauchzehe
250 g Sonnenblumen- oder
Distelöl

Raffiniert

Etwa:
9700 kJ/2300 kcal
4 g Eiweiß · 250 g Fett
2 g Kohlenhydrate

- Zubereitungszeit: etwa 15 Minuten
- Ruhezeit: 2–3 Wochen
- Haltbarkeit: 1–2 Jahre

1. Die Steinpilze in eine verschließbare Flasche füllen. Die Knoblauchzehe schälen, halbieren und hinzufügen. Das Öl angießen und die Flasche verschließen.

2. Das Öl 2–3 Wochen ziehen lassen, dann durch ein Sieb gießen und in eine Flasche füllen.

Chiliöl

Zutaten für 1 Flasche von etwa
300 ml Inhalt:
1 Eßl. getrocknete Chilischoten
1 Eßl. Sichuan-Pfefferkörner
(ersatzweise weiße Pfefferkörner)
300 ml Sonnenblumenöl

Chinesische Spezialität

Etwa:
11 000 kJ/2600 kcal
0 g Eiweiß · 300 g Fett
0 g Kohlenhydrate

- Zubereitungszeit: etwa 25 Minuten
- Ruhezeit: etwa 2 Wochen
- Haltbarkeit: 1–2 Jahre

1. Die Chilischoten und die Sichuan-Pfefferkörner im Mörser etwas zerstoßen oder mit einem großen schweren Messer etwas kleiner hacken. Dabei mit den Händen nicht in die Augen kommen. Das brennt wie Feuer.

2. In einer Pfanne etwa 2 Eßlöffel Öl erhitzen. Die Würzmischung darin etwa 1 Minute bei starker Hitze braten. Dann in eine verschließbare Flasche füllen.

3. Das restliche Öl in die Pfanne geben und so lange erhitzen, bis es Wellen bildet. Über die Chilischoten in die Flasche füllen. Das Öl verschlossen etwa 2 Wochen ziehen lassen, dann durch ein feines Sieb gießen und das Öl wieder in eine Flasche füllen.

Im Bild vorne: Chiliöl
Im Bild hinten von links nach rechts: Steinpilzöl, Kräuteröl

Grüne Chilisauce

Zutaten für 4 Gläser von je
etwa 200 ml Inhalt:
500 g scharfe grüne Chilischoten
1/2 Eßl. Meersalz
3 Eßl. Weißweinessig
je 1 1/2 Eßl. Koriander- und
Fenchelsamen
2 Eßl. Kreuzkümmelsamen (Kumin)
1 Bund Zitronenmelisse
etwa 300 ml Olivenöl

Raffiniert

Pro Glas etwa:
2800 kJ/670 kcal
0 g Eiweiß · 75 g Fett
0 g Kohlenhydrate

- Zubereitungszeit: etwa 1 Stunde
- Ruhezeit: etwa 1 Tag
- Haltbarkeit: 6 –12 Monate

1. Die Chilischoten waschen und abtrocknen. Von den Stielansätzen befreien und sehr fein zerkleinern. Das geht am besten mit dem Wiegemesser oder mit der Küchenmaschine (dann aber nur kurz durcharbeiten, es soll kein Mus werden). Arbeiten Sie dabei mit Gummihandschuhen, denn die Schärfe der Schoten haftet an den Händen, und wenn Sie sich beispielsweise später die Augen reiben, könnte es auch Stunden später noch brennen.

2. Die zerkleinerten Schoten mit dem Salz und dem Essig in einer Glas- oder Porzellanschüssel mischen, zudecken und etwa 1 Tag ziehen lassen.

3. Dann die Kräutersamen im Mörser etwas zerstoßen oder mit einem großen Messer etwas zerdrücken. Mit der Chilimischung und 50 ml Wasser in einen Topf geben und zum Kochen bringen. Die Masse bei mittlerer Hitze etwa 15 Minuten zugedeckt köcheln lassen, bis die Schoten weich werden. Mit einem Kartoffelstampfer noch weiter zerkleinern.

4. Die Zitronenmelisse waschen, die Blättchen von den Stielen zupfen, sehr gut trockentupfen und fein hacken. Mit der Chilimasse und dem Öl mischen. Die Sauce in sterilisierte verschließbare Gläser füllen und mindestens 1 Woche ziehen lassen. Die Chilisauce schmeckt gut als Würze in Suppen oder zu gegrilltem Fleisch, gibt aber auch Nudeln, zum Beispiel mit etwas Butter und frisch geriebenem Parmesan, eine besonders pikante Note.

Süß-saure Chilisauce

Zutaten für 3 Flaschen von je
etwa 200 ml Inhalt:
6–8 Knoblauchzehen
500 g frische rote Chilischoten
300 g brauner Zucker
1/4 l Reisessig
Meersalz

Spezialität aus Thailand

Pro Flasche etwa:
1800 kJ/430 kcal
0 g Eiweiß · 0 g Fett
100 g Kohlenhydrate

- Zubereitungszeit: etwa 1 1/2 Stunden
- Haltbarkeit: etwa 6 Monate

1. Den Knoblauch schälen, sehr fein hacken und in einen Topf geben. Die Chilischoten waschen, von den Stielansätzen befreien und portionsweise mit dem Wiegemesser sehr fein zerkleinern. Dabei mit Gummihandschuhen arbeiten und mit den Händen nicht an die Augen kommen.

2. Die Chilimasse mit dem Zucker, dem Essig und Salz zum Knoblauch in den Topf geben und erwärmen. Etwa 1/2 l Wasser hinzufügen und alles zugedeckt bei mittlerer Hitze etwa 40 Minuten köcheln lassen, bis eine dickflüssige Sauce entstanden ist. Dabei immer wieder durchrühren. Die Sauce heiß in sterilisierte Flaschen füllen und sofort verschließen.

Im Bild vorne: Süß-saure Chilisauce
Im Bild hinten: Grüne Chilisauce

Kürbis-Chutney

Zutaten für 6 Gläser von je etwa 1/4 l Inhalt:
150 g getrocknete Aprikosen
2 kg Kürbis (geputzt gewogen etwa 1 kg)
250 g Lauch
500 g Tomaten
1 frische grüne Chilischote
1 Eßl. Koriandersamen
150 g brauner Zucker
200 ml Weißweinessig
Meersalz

Raffiniert

Pro Glas etwa:
970 kJ/230 kcal
4 g Eiweiß · 0 g Fett
51 g Kohlenhydrate

- Zubereitungszeit: etwa 1 1/2 Stunden
- Haltbarkeit: etwa 1 Jahr

1. Die Aprikosen in kleine Würfel schneiden. Den Kürbis schälen, von allen Kernen und dem faserigen Fleisch befreien und in kleine Würfel schneiden. Den Lauch putzen, sehr gründlich waschen und in feine Ringe schneiden. Die Tomaten mit kochendem Wasser überbrühen, kurz darin ziehen lassen, kalt abschrecken und häuten. Die Tomaten in kleine Würfel schneiden, dabei die Stielansätze entfernen. Die Chilischote waschen, vom Stielansatz und einem Teil der Kerne befreien und in winzige Würfel schneiden. Dabei mit Gummihandschuhen arbeiten und mit den Händen nicht an die Augen kommen.

2. Den Kürbis mit den Aprikosen, dem Lauch, den Tomaten, der Chilischote, dem Koriander, dem Zucker und dem Essig in einen Topf geben und erhitzen.

3. Das Chutney bei schwacher Hitze etwa 1 Stunde garen, bis es dickflüssig ist. Dann mit Salz und eventuell noch etwas Essig abschmecken und in gut gesäuberte Schraubgläser füllen. Sofort verschließen.

Apfel-Zucchini-Chutney

Zutaten für 6 Gläser von je etwa 1/4 l Inhalt:
125 g getrocknete Äpfel
2 Eßl. weißer Rum
1 kg junge Zucchini
800 g säuerliche Äpfel
25 g frische Ingwerwurzel
1 Zimtstange
6 Gewürznelken
6 Lorbeerblätter
8 Zweige frische Minze
100 g brauner Zucker
150 ml Weißweinessig
Meersalz

Preiswert

Pro Glas etwa:
910 kJ/220 kcal
3 g Eiweiß · 1 g Fett
48 g Kohlenhydrate

- Zubereitungszeit: etwa 1 3/4 Stunden
- Haltbarkeit: etwa 1 Jahr

1. Die getrockneten Äpfel in kleine Würfel schneiden und mit dem Rum mischen.

2. Die Zucchini waschen, vom Stiel- und Blütenansatz befreien und in kleine Würfel schneiden. Die frischen Äpfel schälen, vierteln, von den Kerngehäusen befreien und in Schnitze schneiden. Den Ingwer schälen und in Scheiben schneiden.

3. Die Zucchini mit den frischen und den getrockneten Äpfeln, dem Ingwer, dem Zimt, den Gewürznelken und den Lorbeerblättern in einen Topf geben. Die Minze waschen, trockenschütteln, die Blättchen von den Stielen zupfen und im Ganzen in den Topf geben.

4. Den Zucker und den Essig dazugeben und alles zum Kochen bringen. Das Chutney bei schwacher Hitze etwa 1 1/4 Stunden kochen lassen, bis es dickflüssig ist. Dann eventuell noch mit etwas Salz und Essig abschmecken, in gut gesäuberte Gläser füllen und die Gläser sofort verschließen.

Im Bild vorne: Apfel-Zucchini-Chutney
Im Bild hinten: Kürbis-Chutney

Tomaten-Ananas-Chutney

Zutaten für 6 Gläser von je etwa 1/4 l Inhalt:
1 Ananas (etwa 1,8 kg; geputzt 1 kg)
1 kg Tomaten
150 g Rosinen
300 g Zucker
1/4 l Weißwein- oder Obstessig
50 g frischer Ingwer
2 frische rote Pfefferschoten
1 Stück Zimtstange
Meersalz

Braucht etwas Zeit

Pro Glas etwa:
1700 kJ/400 kcal
3 g Eiweiß · 0 g Fett
95 g Kohlenhydrate

- Zubereitungszeit: etwa 1 3/4 Stunden
- Haltbarkeit: etwa 1 Jahr

1. Die Ananas in Scheiben schneiden, schälen und das Fruchtfleisch in kleine Stücke schneiden. Dabei auch den harten Kern aus der Mitte mitverwenden. Die Tomaten mit kochen dem Wasser überbrühen, kurz darin ziehen lassen, kalt abschrecken und häuten. Die Tomaten in Würfel schneiden, dabei die Stielansätze entfernen. Die Rosinen heiß waschen und abtropfen lassen.

2. Die Ananasstücke mit den Tomaten, den Rosinen, dem Zucker und dem Essig in einen großen Topf geben und zum Kochen bringen.

3. Inzwischen den Ingwer wie eine Kartoffel schälen und in dünne Scheiben schneiden. Die Pfefferschoten waschen, vom Stielansatz befreien und der Länge nach halbieren. Die Kerne entfernen und die Schotenhälften gründlich kalt abspülen, dabei mit den Händen nicht in die Augen kommen.

4. Den Ingwer und die halbierten Pfefferschoten mit der Zimtstange und etwa 1/2 Eßlöffel Salz zu der Ananas-Tomaten-Mischung gegeben und alles bei schwacher Hitze zugedeckt etwa 1 1/4 Stunden köcheln lassen, bis die Masse leicht musig ist. Das Chutney mit Salz und eventuell noch etwas Essig abschmecken und in vorbereitete Gläser füllen. Das Chutney sofort verschließen.

Würziges Gemüsechutney

Zutaten für 6 Gläser von je etwa 1/4 l Inhalt:
600 g rote und gelbe Paprikaschoten
500 g grüne Bohnen
500 g Zwiebeln
500 g Tomaten
6–8 Knoblauchzehen
300 g Zucker
1/4 l Weißwein- oder Obstessig
2 Lorbeerblätter
2 Teel. gemahlener Koriander
2 Teel. Fenchelsamen
1 Teel. Cayennepfeffer
Meersalz

Raffiniert

Pro Glas etwa:
1200 kJ/290 kcal
5 g Eiweiß · 0 g Fett
66 g Kohlenhydrate

- Zubereitungszeit: etwa 2 Stunden
- Haltbarkeit: etwa 1 Jahr

1. Die Paprikaschoten waschen und halbieren. Von den Stielansätzen sowie den Trennwänden mit Kernen befreien und in kleine Würfel schneiden. Die Bohnen waschen, gegebenenfalls von den Fäden befreien und in etwa 1 cm lange Stücke schneiden. Die Zwiebeln schälen und würfeln. Die Tomaten mit kochendem Wasser überbrühen, kurz darin ziehen lassen, kalt abschrecken und häuten. Die Tomaten in kleine Würfel schneiden, dabei die Stielansätze entfernen. Die Knoblauchzehen schälen und fein hacken.

2. Das Gemüse mit dem Knoblauch in einen Topf geben. Den Zucker, den Essig, die Lorbeerblätter, den Koriander, die Fenchelsamen und den Cayennepfeffer hinzufügen.

3. Die Masse zum Kochen bringen, dann zugedeckt bei schwacher Hitze etwa 1 1/2 Stunden garen, bis das Chutney dickflüssig ist. Das Chutney mit Salz und eventuell noch etwas Essig abschmecken und in vorbereitete Gläser füllen. Sofort verschließen.

Bild oben:
Tomaten-Ananas-Chutney
Bild unten:
Würziges Gemüsechutney

Zwiebel-Johannisbeer-Relish

Relishes ißt man in England sowohl als würzige Beigabe zu Fleisch oder Fisch wie auch als raffinierten Brotaufstrich.

Zutaten für 2 Gläser von je etwa 450 ml Inhalt:
- *500 g Zwiebel*
- *500 g rote Johannisbeeren*
- *1 Eßl. Erdnußöl*
- *250 g brauner Zucker*
- *1/4 l Orangensaft, frisch gepreßt*
- *100 ml Rotweinessig*
- *Meersalz*

Gelingt leicht

Pro Glas etwa:
3100 kJ/740 kcal
3 g Eiweiß · 6 g Fett
150 g Kohlenhydrate

- Zubereitungszeit: etwa 1 Stunde
- Haltbarkeit: etwa 6 Monate

1. Die Zwiebeln schälen und sehr fein hacken. Die Johannisbeeren waschen, trockentupfen und die Beeren von den Stielen streifen.

2. Das Öl in einem Topf erhitzen. Die Zwiebeln darin unter Rühren glasig dünsten. Die Johannisbeeren, den Zucker, den Saft, den Essig und etwa 1 Teelöffel Salz dazugeben und erhitzen.

3. Das Relish bei mittlerer Hitze zugedeckt etwa 45 Minuten köcheln lassen, bis es dickflüssig wird.

4. Das Relish in gut gesäuberte Twist-Off-Gläser füllen. Sofort verschließen.

Gurkenrelish

Zutaten für 2 Gläser von je etwa 400 ml Inhalt:
- *1 große Salatgurke (etwa 700 g)*
- *300 g rote Zwiebeln*
- *200 g brauner Zucker*
- *Meersalz*
- *1/4 l Weißweinessig*
- *1 Teel. Dillsamen*
- *1/2 Eßl. grüner Pfeffer*
- *2–3 Eßl. englisches Senfpulver*

Raffiniert

Pro Glas etwa:
2100 kJ/500 kcal
4 g Eiweiß · 1 g Fett
120 g Kohlenhydrate

- Zubereitungszeit: etwa 1 1/2 Stunden
- Haltbarkeit: etwa 6 Monate

1. Die Gurke schälen und der Länge nach halbieren. Die Kerne mit einem Löffel herauslösen. Die Gurke so fein wie möglich würfeln. Die Zwiebeln schälen und sehr fein hacken.

2. Die Gurke und die Zwiebeln mit dem Zucker mischen und in einen Topf geben. Salz, den Essig und die Gewürze hinzufügen und alles zum Kochen bringen.

3. Das Relish bei mittlerer Hitze zugedeckt etwa 50 Minuten köcheln lassen, bis es dickflüssig ist und die Zwiebeln musig werden. Eventuell noch mit Salz und Senfpulver abschmecken, dann in gut gesäuberte Gläser füllen und sofort verschließen.

Variante:
Sie können statt der Salatgurke auch etwa 400 g rote, in Würfel geschnittene Paprikaschoten nehmen und die Dillsamen und das englische Senfpulver weglassen. Würzen Sie das Paprikarelish mit Thymian und etwas edelsüßem Paprikapulver.

Im Bild vorne: Gurkenrelish
Im Bild hinten: Zwiebel-Johannisbeer-Relish

REZEPT- UND SACHREGISTER

Zum Gebrauch

Damit Sie Rezepte mit bestimmten Zutaten noch schneller finden können, stehen in diesem Register zusätzlich auch beliebte Zutaten wie Chilischoten und Gurken – ebenfalls alphabetisch geordnet und halbfett gedruckt – über den entsprechenden Rezepten.

IMPRESSUM

Umschlag-Vorderseite:
Die Rezepte für marinierte Paprikaschoten und Zucchini in Öl finden Sie auf Seite 36.

1. Auflage 1994

Redaktion: Ulla Thomsen
Layout: Ludwig Kaiser
Typographie: Robert Gigler
Herstellung: Ulrike Laqua
Fotos: Odette Teubner, Dorothee Gödert
Umschlaggestaltung: Heinz Kraxenberger
Satz: Appl, Wemding
Reproduktionen: Artilitho, Trento
Druck und Bindung: Schauenburg, Schwanau
ISBN 3-7742-1738-6

Cornelia Schinharl
lebt in der Nähe von München und studierte zunächst Sprachen, bevor sie sich dem Bereich Ernährung zuwandte. Ihr Interesse für kulinarische Themen war schon immer groß. Nach der fundierten Ausbildung bei einer bekannten Foodjournalistin und einem Praktikum bei einem großen Hamburger Verlag machte sie sich 1985 als Redakteurin und Autorin selbständig. Es sind seither zahlreiche Bücher von ihr erschienen.

Odette Teubner
wurde durch ihren Vater, den international bekannten Food-Fotografen Christian Teubner, ausgebildet. Heute arbeitet sie ausschließlich im Studio für Lebensmittelfotografie Teubner. In ihrer Freizeit ist sie begeisterte Kinderporträtistin – mit dem eigenen Sohn als Modell.

Dorothee Gödert
arbeitete nach ihrer Ausbildung zur Fotografin zunächst im Bereich Stillife- und Interieurfotografie. Nach einem Aufenthalt in Princeton/USA spezialisierte sie sich auf Food-Fotografie. Sie war bei namhaften Food-Fotografen tätig. Seit April 1988 fotografiert sie im Fotostudio Teubner.

PROF. DR. MED. MARTIN STORR | DR. MED. CONSTANZE STORR

DAS REIZDARM PROGRAMM

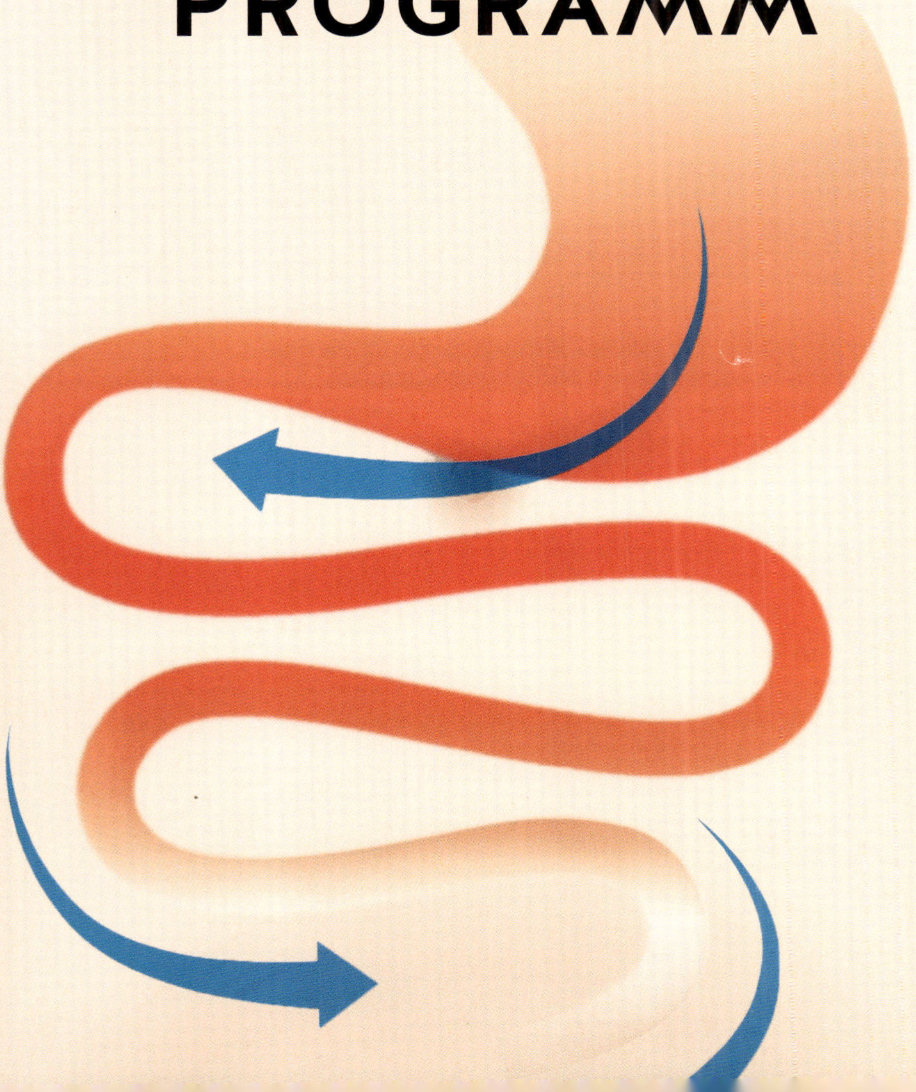

THEORIE

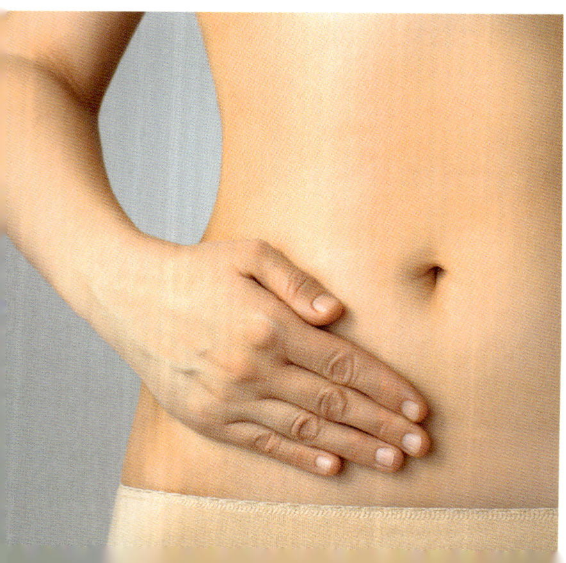

PRAXIS